AF467864

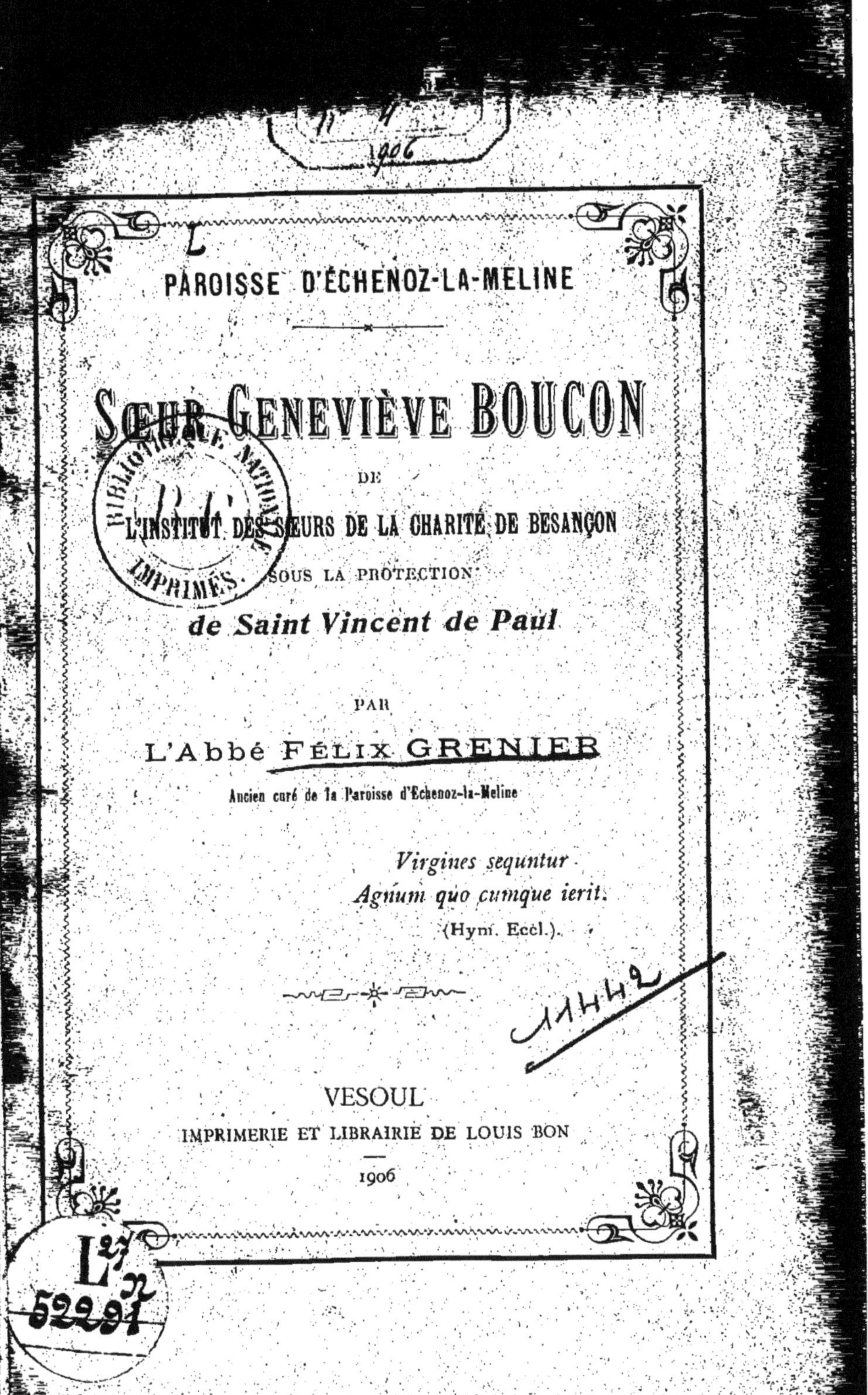

PAROISSE D'ÉCHENOZ-LA-MELINE

SŒUR GENEVIÈVE BOUCON

DE

L'INSTITUT DES SŒURS DE LA CHARITÉ DE BESANÇON

SOUS LA PROTECTION

de Saint Vincent de Paul

PAR

L'Abbé FÉLIX GRENIER

Ancien curé de la Paroisse d'Échenoz-la-Meline

Virgines sequuntur
Agnum quo cumque ierit.
(Hym. Eccl.).

VESOUL

IMPRIMERIE ET LIBRAIRIE DE LOUIS BON

1906

Véritable Portrait
De la Très-Révérende Supérieure Générale des Sœurs de la Charité
SŒUR GENEVIÈVE BOUCON
Décédée à Naples le 5 Juillet 1856, âgée de 83 ans,
après avoir gouverné leur Institut durant 30 ans.
Par ses éminentes Vertus, et surtout sa Charité incomparable
Elle a mérité l'amour, la vénération et les regrets
DE TOUTES SES FILLES
Qui lui vouent une reconnaissance éternelle.

PAROISSE D'ÉCHENOZ-LA-MELINE

SŒUR GENEVIÈVE BOUCON

DE

L'INSTITUT DES SŒURS DE LA CHARITÉ DE BESANÇON

SOUS LA PROTECTION

de Saint Vincent de Paul

PAR

L'Abbé FÉLIX GRENIER

Ancien curé de la Paroisse d'Echenoz-la-Meline

Virgines sequntur
Agnum quo cumque ierit.
(Hym. Eccl.).

VESOUL

IMPRIMERIE ET LIBRAIRIE DE LOUIS BON

1906

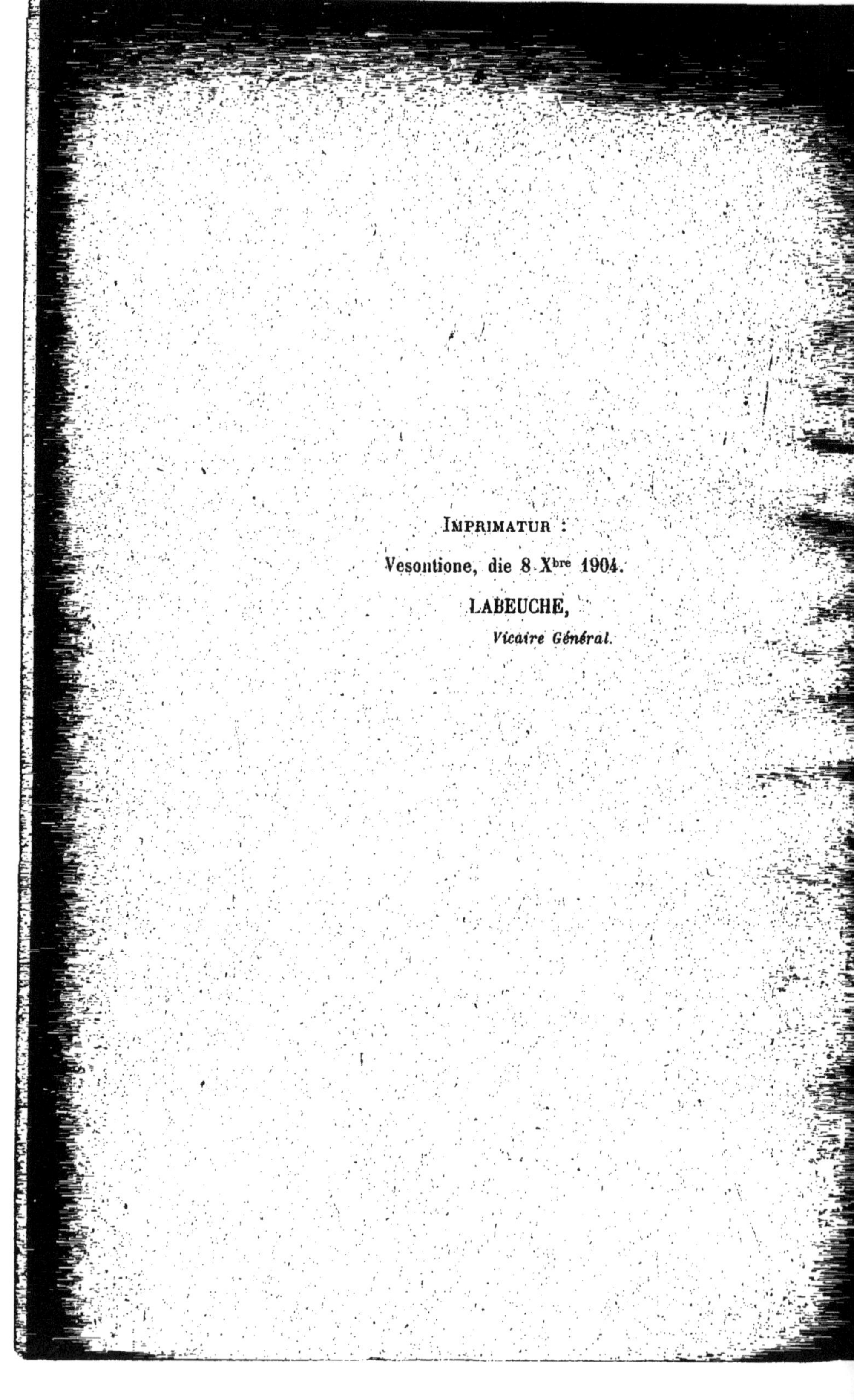

IMPRIMATUR :

Vesontione, die 8 Xbre 1904.

LABEUCHE,

Vicaire Général.

Aux Habitants de la commune d'Echenoz-la Meline,

C'est à vous, habitants et enfants de la paroisse d'Echenoz-la-Meline, que j'adresse plus spécialement ce nouveau livre.

Il y quelques années, j'avais la douce satisfaction de vous redire quelque chose du zèle et du dévouement que les abbés Patenaille et Jacquinot (1) *firent éclater pendant la tourmente révolutionnaire. La bienveillance, l'empressement avec lesquels vous vous êtes associés à l'hommage que j'ai essayé de rendre à vos généreux compatriotes me laissent espérer que vous accueillerez aussi favorablement ce modeste travail sur sœur Geneviève Boucon, née à Echenoz-la-Meline, en 1780.*

La lecture de ces pages ne sera pas sans intérêt pour vous. Elle vous rappellera les vertus d'une sainte fille de votre village, que plusieurs d'entre vous ont sans doute oubliées, et dont je voudrais raviver le souvenir en relatant quelques traits de sa vie si édifiante et si chrétienne.

Assurément, ce n'est pas sans une certaine fierté que vous parcourrez ces lignes écrites à la

---

(1) Deux confesseurs de la foi à la fin du XVIIIe siècle.

mémoire d'une enfant du pays ; mais, au spectacle de son zèle et de sa piété, vous ne vous contenterez pas d'une admiration platonique et stérile, vous voudrez marcher sur ses traces et reproduire dans votre vie quelques-unes des vertus qu'elle a pratiquées avec une si grande abnégation.

PRÉFACE

En 1892, M. l'abbé Henry Calhiat, chanoine de Montauban, publia la vie de mère Thouret, fondatrice des sœurs de la Charité de Besançon.

Dans ce livre si intéressant, l'auteur consacre plusieurs pages à une religieuse d'Echenoz-la-Meline, sœur Geneviève Boucon qui, à la mort de mère Thouret, fut appelée à la remplacer comme supérieure générale. Elle conserva pendant trente années la direction de l'établissement fondé à Naples en 1810.

Si le souvenir de cette vénérée Mère reste toujours vivant dans la famille des sœurs de la Charité, depuis sa mort arrivée en 1856, certains traits de sa vie ont besoin d'être remis en lumière. C'est le but que je voudrais atteindre en publiant des documents qui me sont venus de différentes sources.

1° Dans son ouvrage, M. Calhiat cite plusieurs épisodes de la vie de sœur Geneviève ; et, quand il y a quelques années, je manifestai à M. le chanoine le désir de réunir et de classer ces matériaux pour faire paraître une courte notice sur la seconde supérieure générale des religieuses de Naples, il eut l'amabilité de me répondre : « Vous avez une belle et bonne idée, sœur Geneviève mérite à tous égards une plus longue biographie et, pour mon compte, je vous autorise de grand cœur à reproduire dans votre brochure les pages que je lui ai consacrées dans la vie de mère Thouret.

Elle fut l'une des plus vaillantes compagnes de la vénérable fondatrice; elle est, par suite l'une des grandes figures de l'Institut qui fait tant de bien dans votre diocèse. Je suis heureux que vous ajoutiez à son auréole les rayons que je n'ai pu lui donner dans mon livre, etc. »

M. Calhiat me permettra de lui exprimer ici ma vive gratitude pour la bienveillance avec laquelle il met à ma disposition des matériaux patiemment recueillis. J'en userai largement tout en regrettant de ne pouvoir les présenter au lecteur avec cet art et cette harmonie que l'on retrouve dans toutes les publications de M. le chanoine de Montauban.

2° Un autre document, mis à ma disposition, est la petite notice de quinze pages, en italien, qu'un prêtre de Naples, Antonio d'Amelio, fit paraître en 1856, à la mort de sœur Geneviève, dans la revue *La Science et la Foi*. Je me ferai un devoir de rappeler tous les faits cités dans cet opuscule, et comme il est devenu fort rare, on me permettra de le reproduire dans le texte même à la fin du volume.

3° Je dois signaler encore les notes et renseignements qui m'ont été gracieusement communiqués par par les Maisons de Naples et de Besançon. Ces maisons portent à la publication de mes recherches un intérêt dont je suis heureux de les remercier.

Puissent ces pages répondre aux désirs des personnes qui m'ont encouragé dans ce travail! Si la plume ne reproduit qu'imparfaitement les traits de notre sainte religieuse, ses exemples et ses vertus feront admirer les merveilles de la grâce dans une âme fidèle à y correspondre.

DÉCLARATION

Conformément aux décrets du pape Urbain VIII nous déclarons que, dans la qualification de Vénérable, de Sainte, etc., donnée par nous à la religieuse dont nous allons parler, nous ne voulons en aucune manière prévenir le jugement de l'Eglise, à laquelle nous nous soumettons avec respect et sous réserve.

A Echenoz-la-Meline, en la fête de l'Annonciation de la T. Ste Vierge, 25 mars 1905.

Félix GRENIER.

La mort est venue ravir l'auteur de cet ouvrage avant qu'il ait pu le livrer à l'impression. Une petite prière pour lui.

Sœur Geneviève BOUCON

2me Supérieure Générale

des Religieuses de la Charité de Naples

(1780-1856)

SŒUR GENEVIÈVE BOUCON

CHAPITRE Ier

Naissance de Jeanne-Claude Boucon. — Ses parents. — Vertus familiales. — Ses débuts dans l'Association des dames hospitalières de Vesoul. — Chez les sœurs de la Charité à Besançon. — Elle dirige une école de jeunes filles et fait profession en 1805.

Sœur Geneviève Boucon dont nous allons, à grands traits, esquisser la vie, fut à Naples, la seconde colonne des filles de la Charité sous la protection de St Vincent de Paul; et l'on pourrait dire d'elle, en associant son nom à celui de mère Thouret : « *Hæc duo candelabra ;* voilà les deux flambeaux de la Congrégation ! »

Elle naquit, le deux novembre 1780, de Jean-François Boucon et d'Elisabeth Curie, à Echenoz-la-Meline, village de la Haute-Saône, qui dépend de l'arrondissement et du canton de Vesoul. Au baptême, elle reçut le nom de Claudine, mais on l'appela Jeanne-Claude du nom de son parrain (1).

(1) Acte de baptême : Claudine Boucon, fille de Jean-François Boucon, vigneron à Echenoz-la-Meline, et d'Elisabeth Curie, son épouse, est née le 2 novembre 1780 et a été baptisée le 3 novembre. Elle a eu pour parrain Jean-Claude Curie, son oncle, et pour

Ses parents étaient aisés et connus pour la fermeté de leurs principes religieux ; ils conservaient fidèlement les traditions du passé, la foi des anciens jours et se faisaient un devoir de consacrer une partie de les biens aux œuvres de charité. Formée à leur école et entraînée pour leur exemple, la petite Jeanne-Claude aurait pu redire ces paroles de Job : « La piété que j'ai reçue au sein de ma mère, augmente de jour en jour. »

Dieu, en effet, s'était plu à la combler des dons les plus précieux de la nature et de la grâce. Vive, enjouée, spirituelle, elle charmait ses compagnes qui admiraient ses qualités intimes, s'épanouissant au dehors. En croissant en âge, elle croissait aussi en vertus qui sont la plus belle parure des jeunes filles chrétiennes ; et, quand elle fut admise à la première communion, elle reçut son Dieu avec une ferveur, une piété et une innocence vraiment angélique.

L'époque précise de ce grand jour nous est inconnue. Ce fut probablement vers 1793. A ce moment, la France recueillait les fuits d'une éducation voltairienne donnée à ses enfants. Les églises étaient pillées, les autels renversés, et

---

marraine Claudine Boucon, sa tante, illettrée, tous d'Echenoz. Signé : Jean Claude Boucon ; Dumont, prêtre, vicaire (Registre de la paroisse).

L'auteur italien de la notice sur sœur Geneviève a donc été mal informé en la faisant naître le 12 novembre 1773.

les croix brisées. Les prêtres restés fidèles aux devoirs de leur vocation, étaient poursuivis, arrêtés et jetés dans de noirs cachots. A Lyon, comme à Besançon, de farouches sectaires ordonnaient à la police de « traquer ces fauves d'autant plus dangereux qu'ils prêchaient la paix en face des bourreaux sur le point de les égorger (1). » Et pour les atteindre plus sûrement, les impies au pouvoir venaient d'interdire, sous les peines les plus sévères, de donner asile à ces victimes destinées à périr par centaines dans les plus affreux tourments (2).

La famille Boucon, sans craindre ni pour ses biens, ni pour sa sécurité, n'hésita pas un instant, pendant ces mauvais jours, à donner aux prêtres proscrits, le refuge et l'hospitalité qui pouvaient les soustraire à la haine de leurs persécuteurs (3).

Ce fut au milieu de ces tristes événements que Jeanne fit sa 1re communion, alors que Jésus-Christ était contraint, pour échapper aux mains des méchants, de chercher d'autres voiles et d'autres ténèbres que ceux dont il se couvre volontai-

(1) Réquisitoire de Champagneux, substitut du procureur de la commune de Lyon, prononcé le 28 janvier 1792 au tribunal de la police correctionnelle.

(2) Nous traduisons en ce moment une page « de la vie de sœur Geneviève Boucon, *Della vita di Suora Genovefa Boucon*, opuscule italien de 15 pages.

(3) Les familles Poichet, Bridant, Thevenin, Jobard, etc., imitèrent ce bel exemple et donnèrent asile également à plusieurs prêtres *réfractaires* signalés au district de Vesoul.

rement dans l'Eucharistie. Le sacrifice de la messe, célébré par un prêtre proscrit, fut offert sur un autel improvisé en présence des parents et de quelques amis sûrs et dévoués. Mais le souvenir que cette journée laissa au cœur de l'enfant n'en fut que plus touchant et plus profond ; car plus il en coûte pour se donner à Dieu, plus on s'attache à lui.

Dès ce jour, en effet, Jeanne éprouve, d'une manière irrésistible, le besoin d'aimer et de servir Dieu, et comprend avec la même vivacité, que lui seul peut remplir toutes les facultés de son âme. Son grand bonheur est de lui plaire et de lui prouver son amour par tous les petits sacrifices qu'elle trouve à lui offrir. Déjà même elle laisse deviner qu'elle quittera volontiers le monde pour se consacrer à Dieu, et annonce, par les élans de sa piété, les sentiments de foi, d'humilité et d'obéissance dont elle fera preuve plus tard dans la vie religieuse.

Mais en attendant la réalisation de ce désir, Jeanne édifiée par les leçons reçues au foyer domestique, se sent entraînée vers les œuvres de bienfaisance. Déjà, en 1798, — à cette date, elle n'avait encore que dix-huit ans — alors que les jeunes personnes de cet âge ne rêvent le plus souvent que plaisirs et frivolités, elle demande à ses parents l'autorisation de se rendre à Vesoul pour s'enrôler dans une association de dames hospitalières qui visitaient les malades dans les familles et les hôpitaux.

***

Ces personnes pieuses, et même de haut rang, ne dédaignaient point de venir à tour de rôle remplir les emplois les plus humbles dans les hospices de Vesoul (1). Ces dames étaient sous la direction des sœurs de Sainte-Marthe qui avaient pour supérieure une femme de grand mérite (2). Madame Fyard, issue d'une des familles les plus considérées de la ville, fut, pendant soixante ans, la providence des pauvres et des malades de la localité. En 1794, chassée de l'hôpital où le gouvernement venait installer trois cents blessés de l'armée du Rhin, elle se retira, avec les infirmes confiés à ses soins, dans l'aile du couvent des Ursulines qui ne servait pas de prison (3).

Cette translation devint pour son zèle une source de bonnes œuvres. Les prêtres sexagénaires de la Haute Saône et ceux qui, à raison de leurs infirmités, n'avaient point été conduits à Rochefort, étaient réunis dans la partie du bâtiment

---

(1) [illegible] des Ursulines, etc.

(2) Les sœurs de Sainte-Marthe sortaient primitivement de Beaune. Elles vinrent à Vesoul en 1683 et formèrent une communauté indépendante jusqu'en 1830, époque à laquelle elles furent affiliées à la Congrégation des sœurs hospitalières de Besançon.

(3) La ville de Vesoul fut la première à faire des démarches pour obtenir des filles de Sainte-Ursule. Leur installation eut lieu le 19 novembre 1615.

Une partie du couvent des Ursulines a été convertie en maison de justice ; la ville a conservé l'usage de l'autre partie.

des Ursulines contiguë au nouvel hôpital. Ces généreux défenseurs de la foi, enfermés dans un local étroit et humide, étaient soumis à la surveillance la plus soupçonneuse et la plus sévère (1).

La mère Fyard, profitant de l'influence que lui donnaient sa position, ses relations de famille et ses vertus, adoucit quelque peu les gardiens de ce triste séjour ; pouvant alors librement pénétrer dans la prison, elle prodigua ses soins aux vénérables malades qui y étaient détenus et trouva même le moyen de leur faire parvenir ce qui leur était indispensable pour l'administration des sacrements. Mais, comme à cette époque, il suffisait de pratiquer les vertus chrétiennes pour être suspect, bientôt, *de par la loi*, elle et ses compagnes furent expulsées de ce dernier asile.

Les vertus hospitalières de Mme Fyard la suivirent chez ses parents qui la reçurent avec bonheur. Sa maison devint le refuge des pauvres et des malheureux. En outre, elle commença ses visites à domicile, distribuant partout des remèdes et utilisant ses grandes connaissances en médecine et en pharmacie au profit de toutes les maladies et de tous les partis (2).

Plus tard, à la réorganisation de l'hôpital, les nouveaux directeurs n'eurent rien de plus pressé que de réintégrer dans ses fonctions de supérieure,

---

(1) L'abbé Morey : *La charité à Vesoul.*
(2) Id. page 52.

la généreuse femme, qui de fait ne les avait jamais quittées. Le vingt-huit septembre 1798, elle rentra donc à l'hôpital, aux applaudissements des pauvres et de tous les honnêtes gens, avec trois de ses compagnes dont faisait partie la citoyenne Denise Thevenin, une compatriote sans doute de la jeune Boucon.

C'est à l'école de ces courageuses hospitalières que Jeanne-Claude, fit l'apprentissage de cette charité ardente qui, toute sa vie, fut le rêve de son âme éprise de dévouement.

On voudrait connaître pourquoi, après s'être *dépensée*, pendant deux ou trois ans, au service des pauvres et des malades, et, après avoir été témoin du zèle et de l'abnégation des religieuses hospitalières de la ville de Vesoul, Jeanne Boucon alla demander à un autre asile le bonheur de se consacrer à Dieu, tout en se dévouant aux œuvres de bienfaisance. La réponse à cette question n'est pas douteuse. En visitant les malades, la future sœur de la Charité avait constaté avec peine combien, après la Révolution, les jeunes filles de la contrée étaient peu instruites des vérités de la Religion et combien aussi elles laissaient à désirer sous le rapport de l'instruction même la plus élémentaire ; et son désir ardent était de travailler à faire disparaître cette double lacune. Personne d'ailleurs, n'ignorait ses dispositions pour l'enseignement. A peine sût-elle lire qu'on la vit, le plus souvent, employer ses loisirs à l'étude. Préludant dès lors, comme par instinct, à sa vocation future, elle aimait à réunir autour d'elle les enfants de son âge pour leur enseigner les premières notions de notre langue et les vérités de la Religion. Elle mettait même dans ses instructions enfantines une justesse et une netteté qui attestaient les belles qualités dont Dieu l'avait favorisée. Il y avait là toute une révélation de l'avenir ; et cette révélation allait se produire.

***

En 1799, Jeanne-Antide Thouret avait établi à Besançon l'Institut des Sœurs de la Charité sous la protection de St Vincent de Paul (1) et déjà sept jeunes personnes étaient venues se ranger autour d'elle pour suivre sa direction. Parmi ces premières aspirantes se trouvait Anne Bon, de la paroisse de Pusy, non loin d'Echenoz-la-Meline. Le départ de cette jeune fille précipita sans doute celui de Jeanne-Claude Boucon. Son père s'opposa bien pendant quelque temps à la réalisation de ses desseins ; mais sur la fin de l'année 1802, vaincu par les tendres sollicitations de sa fille aînée, il donna son consentement.

Lorsque Jeanne-Claude vit ses espérances couronnées de succès, elle versa des larmes de joie :

---

(1) Le 11 avril 1799, Jeanne-Antide Thouret de Sancey (Doubs) avait ouvert une école gratuite pour les petites filles dans la rue des Martelots à Besançon.

Elle était si heureuse de répondre aux appels de la grâce ! Cependant, à l'heure du départ, quand il fallut s'arracher aux embrassements de parents tendrement aimés, sa douleur fut extrême. Contenant à peine les vives émotions qui brisaient son cœur, elle se jeta aux genoux de son père et de sa mère, demanda leur bénédiction, puis, partit à la hâte, recommandant à Dieu et à la Vierge de Solborde tous ceux qu'elle laissait au foyer et qu'elle quittait pour toujours.

Elle arriva à Besançon le 1er janvier 1803 et le même jour fut reçue chez les sœurs de la Charité. La fondatrice, mère Thouret, qui connaissait de réputation ses rares qualités, vit sur le champ tout le bien qu'elle pouvait espérer de la nouvelle aspirante, aussi eut-elle pour Jeanne-Claude des marques d'une bonté toute particulière.

***

L'auteur italien de la notice sur sœur Boucon fait remarquer que le don de choisir avec intelligence les sujets qui doivent coopérer à une œuvre naissante, accompagne d'ordinaire celui que le Ciel appelle à fonder une institution de bienfaisance, en sorte que les premiers ouvriers de l'œuvre à ses débuts, en sont toujours les zélateurs et la lumière. C'est ainsi que St Ignace trouvent dans st François-Xavier et ste Thérèse, dans st Jean de la Croix, de fervents et zélés coopérateurs.

La digne supérieure du nouvel Institut rencon

tra, dans Jeanne Boucon, une de ces âmes d'élite qui apparaissent providentiellement à l'aurore d'une œuvre que Dieu, dans sa miséricorde, destine à la sanctification des âmes.

Mère Thouret, sur la proposition du bureau de bienfaisance de Besançon, avait ouvert, dès 1800, plusieurs écoles dans la ville. Au commencement de l'année 1803, ces maisons d'éducation, fréquentées par un grand nombre d'élèves, réclamaient de nouvelles auxiliaires. Jeanne-Claude, dont les aptitudes étaient connues, fut ainsi, peu de temps après son arrivée à Besançon, affectée à l'une de ces écoles pour s'y dévouer à l'instruction des jeunes filles.

***

Cette charge, au sortir de la Révolution, exigeait des qualités spéciales et un dévouement à toute épreuve. Les révolutionnaires de 1793, écrit l'auteur de la Persécution dans le département du Doubs, comprenant parfaitement les grands moyens de transformation que l'éducation populaire mettait entre leurs mains, s'étaient empressés de détruire les magnifiques institutions scolaires qui couvraient la France, et qui, créées en grande partie par la piété et la munificence particulière ou locale, n'avaient jamais rien coûté à l'Etat. Le gouvernement, issu de la constitution de l'an III, s'était bien occupé de relever l'édifice de l'instruction publique ; mais, dans ce travail même de reconstruction, il n'avait fait que montrer sa faiblesse et son impuissance. Les parents, pour défendre la foi de leurs enfants contre un gouvernement oppresseur et hypocrite, avaient résisté pendant plusieurs années à toutes les séductions comme à toutes les menaces et avaient laissé aux tyrans de l'époque l'humiliation d'avoir déployé, absolument en pure perte, leur zèle et leur fourberie, pour n'aboutir qu'à faire le vide dans l'enseignement populaire.

En septembre 1797, il y avait à Besançon vingt écoles publiques, dix pour les garçons et dix pour les filles, et, pour une population de 27.000 âmes, elles n'étaient fréquentées que par 420 enfants, dont 304 garçons.

Malgré toutes les persécutions et tous les obstacles, les écoles particulières gardèrent une supériorité écrasante. Le 20 avril 1799, quelques mois avant le dix-huit brumaire, l'administration terroriste, près de succomber pour toujours, dressa elle-même un tableau des écoles particulières existant en ce moment dans le département du Doubs. Et d'après ce tableau, qui est bien loin d'être complet, le nombre de ces écoles, si tracassées et si combattues, s'élevait encore à trois cent quatre-vingt-six, dont soixante-quatorze dans le canton de Besançon. Les quatre vingt-dix écoles prétendues républicaines faisaient maigre figure auprès de ce magnifique débris de l'ancienne organisation scolaire paroissiale.

Les dix écoles publiques de filles, avec leurs cent-seize élèves seulement, ne répondaient guère à l'attente des familles de Besançon. D'un autre côté, les quelques écoles privées qui, d'après l'administrateur Quirot, « avaient accaparé la confiance des fanatiques et des aristocrates », et qui, pour ce motif « regorgeaient d'élèves », étaient trop peu nombreuses pour réunir les jeunes filles de la ville (1). C'est alors que de nouvelles écoles furent créées par mère Thouret. Et Jeanne-Claude Boucon, chargée d'instruire la jeunesse dans l'une de ces écoles, le fit avec un rare talent et tout le zèle dont elle était animée.

L'instruction, la formation de l'intelligence des jeunes gens sera toujours une œuvre délicate et difficile. Elle exige des qualités spéciales et peu ordinaires. En effet, si on a vu de près les enfants, on conviendra aisément que, pour leur enseigner quoique ce soit, il faut leur faire une certaine violence ; car beaucoup ne comprennent pas l'utilité des connaissances qui leur sont enseignées; et, pour fixer leurs yeux distraits et leur imagination vagabonde sur une page de grammaire ou d'arithmétique, il faut d'ordinaire une douce et patiente fermeté. Jeanne Claude, douée des dispositions nécessaires pour réussir dans ce pénible labeur, remplit sa mission au grand contentement de sa supérieure générale.

(1) Cf. *Jules Sauzay, T. X, pages 1399, 469, 410, 417, Passim.*

***

Peu après son installation, en 1803, le Préfet de Besançon désire confier la direction de l'hospice de Bellevaux aux sœurs nouvelles, dont on disait partout du bien. Mais elles n'avaient pas encore de costume particulier, et le Préfet demanda à la supérieure de leur en donner avant leur prise de possession. Il pensait avec raison qu'elles seraient mieux respectées.

Le costume adopté est bien connu en Franche-Comté. D'une grande simplicité, et, à cause de sa couleur, il a valu aux religieuses de la Charité de Besançon, le surnom de *sœurs grises*. Lorsqu'il fut bénit par M. Bacoffe, dont on voulait ménager les susceptibilités dans la circonstance, les religieuses le reçurent avec joie des mains de la digne fondatrice et le revêtirent avec respect, fières et heureuses de le porter. En déposant l'habit séculier pour prendre l'habit religieux, Jeanne-Claude avait abandonné, suivant l'usage, son prénom pour le remplacer par celui de *Geneviève* qu'elle portera désormais.

***

Nous venons de parler des susceptibilités de l'abbé Bacoffe (1) ; ces susceptibilités s'expliquent :

---

(1) M. l'abbé Bacoffe fut, avant la Révolution, curé de Saint-Jean-Baptiste à Besançon. Devenu plus tard premier supérieur de la communauté, il sera la première cause de la dissidence regrettable qui éclatera un jour chez les sœurs de la Charité, de Besançon.

Ce prêtre distingué, que la Révolution avait envoyé en exil, avait été l'inspirateur de mère Thouret, et plusieurs fois il l'avait aidée de ses deniers, pour soutenir l'œuvre naissante.

Pour ces motifs, il croyait mériter le titre de supérieur de la congrégation, et, voici que, dans sa règle, la fondatrice réservait cet honneur au premier pasteur du diocèse. L'abbé Bacoffe fut froissé de cette préférence et voulut, malgré tout, conserver la situation qu'il s'était acquise par son dévouement à l'association nouvelle. Ses prétentions l'amenèrent à semer la discorde parmi les religieuses, dans l'espoir de les détacher de la supérieure générale et de rendre les maisons secondaires indépendantes de la maison-mère.

Sœur Geneviève que l'esprit d'humilité et d'obéissance animait de plus en plus, non seulement ne se laissa point fasciner par les promesses de M. Bacoffe, mais redoubla de soumission et d'égards envers sa digne supérieure qui lui permit, en 1805, d'émettre ses vœux suivant la règle qu'elle avait embrassée. Dans tous les élans de sa ferveur, elle s'engagea donc, au pied des autels, à pratiquer la pauvreté, la chasteté et l'obéissance et à servir les pauvres aussi longtemps qu'elle resterait dans la congrégation. Ces vœux supposent, sans doute, des luttes, des efforts, des sacrifices, mais pour triompher, sœur Geneviève regardera le crucifix qu'elle a reçu de sa supérieure et qui pend à sa ceinture.

Dès ce moment, en effet, sœur Geneviève fut une religieuse dans toute l'acception du mot. Religieuse, c'est à-dire unie à Dieu autant que séparée d'elle-même. La gravité de son maintien attestait l'habitude de son recueillement, et son inaltérable douceur trahissait l'empire qu'elle avait conquis sur elle-même dans la pratique de l'obéissance, de l'austérité et du renoncement.

Sur pied de bon matin, elle assistait régulièrement à la messe ; souvent même, elle en entendait plusieurs ; ses communions étaient fréquentes et sa piété frappait tous les regards. Dans l'après-midi, elle retournait au pied des tabernacles et s'y répandait en longues prières. Aussi la verrons-nous désormais s'élever graduellement à un haut degré de perfection.

CHAPITRE II

Demande de religieuses pour l'Italie. — Sœur Geneviève à Naples. — L'hospice des Incurables. — Conversion d'une jeune protestante. — Sœur Geneviève maîtresse des novices. – Supérieure provisoire. – Mort de mère Thouret.

Le 26 septembre 1807, Mgr Le Coz avait donné son approbation aux règlements de la communauté, parce que sa Grandeur les croyait « inspirés par un véritable esprit de sagesse et rédigés dans des vues saintes ». La Providence réservait de nouvelles faveurs à la congrégation. Quatre jours après cette approbation, la supérieure générale fut appelée à Paris par le décret du 30 septembre qui ordonnait aux supérieures des établissements religieux voués à l'instruction et au service des pauvres et des malades de se réunir, sous la présidence de Madame Lætitia, mère de l'Empereur, en chapitre général, pour exposer leurs besoins. Madame Lætitia remarqua la fondatrice des Sœurs de la Charité de Besançon, lui témoigna de la confiance et voulut même la présenter à Napoléon qui lui accorda un secours annuel de huit mille francs.

Après l'établissement de Murat sur le trône de Naples, l'Empereur songea à doter ce royaume d'institutions françaises. Sur les conseils de Madame Mère, il fit écrire à la Supérieure de Besançon qu'il l'avait désignée pour fonder à

Naples un établissement de Sœurs de la Charité. Mère Thouret répondit avec le plus grand empressement et la plus vive reconnaissance à l'honneur qui lui était fait.

Au mois d'octobre 1810, elle se mit en route pour l'Italie, emmenant avec elle sept de ses religieuses, et, le dix-huit novembre, elle arrivait à Naples avec ses sœurs qui, le jour même, furent conduites à la maison connue sous le nom de *Regina-Cœli* (1).

***

« *Regina-Cœli*, dit M. Calhiat, est un monastère comme on en voit peu ; il est large, spacieux, aéré et muni de jardins, de cours et de terrasses. Il avait été jusque-là occupé d'abord par des religieuses basiliennes, et, en dernier lieu par des chanoinesses de Latran. La chapelle adjacente, qui serait ailleurs une grande église, est également très belle. On peut même dire qu'elle est somptueuse, car elle possède un grand nombre d'autels, de tableaux, de statues, de fresques et de lustres qui en font un sanctuaire presque royal ».

Or, c'est ce couvent et cette chapelle que Murat donnait à nos religieuses, à condition qu'elles desserviraient l'*Hôtel-Dieu*, annexé à la maison religieuse.

Cet *Hôtel-Dieu* est le principal hôpital de Naples ;

---

(1) Sanctuaire dédié à la *Reine du Ciel*.

on l'appelle la maison des *Incurables* parce que les malades qu'on y reçoit n'ont pas dans leur famille le moyen de se guérir. Il y a d'ordinaire un millier de malades dans ses salles.

Tel était le milieu dans lequel, le 18 novembre 1810, s'installèrent solennellement les religieuses de la charité de Besançon. Dès l'origine, la maison de Regina-Cœli fut vouée à la plus large prospérité. Le Roi tint à la doter richement et, le 31 octobre 1811, il lui allouait par décret une rente de 7838 ducats (30.000 francs). Sœur Thouret vit dans cette faveur une intervention directe de la Providence et ne songea, avec la rente qui lui était servie, qu'à agrandir le rayon de ses bienfaits dans la ville et le royaume.

Il était nécessaire de rappeler sommairement ces détails de la vie de mère Thouret pour bien marquer dans quelles conditions allait se trouver sœur Geneviève Boucon.

Celle-ci, pendant les huit années qu'elle passa à Besançon, se montra toujours un modèle de parfaite obéissance et d'entière soumission à la volonté de ses supérieures. Les charges qui lui furent confiées, principalement celle d'instruire les jeunes filles de la ville, elle les remplit toutes avec ce dévouement que nous lui connaissons et qui ne lui fit jamais défaut. Aussi celui qui voudrait résumer sa vie à Besançon pourrait répéter l'éloge que St Augustin a laissé de Ste Monique, sa mère : « Elle se regardait comme l'humble servante de tous, et ceux qui l'ont connue en bénissaient, honoraient et aimaient Dieu davantage, car sa sainteté et ses bonnes œuvres annonçaient à tous que Dieu résidait dans son cœur » (1).

***

C'est au milieu de ces saintes dispositions que mère Thouret fit appel à sa bonne volonté. Elle connaissait les qualités et les aptitudes de sa fille et elle avait hâte de les mettre à profit. Au reste, ces deux cœurs étaient faits pour s'entendre et pour travailler ensemble au prompt développement de l'œuvre nouvelle. Quelques mois après son arrivée à Naples, la fondatrice qui, malgré son activité et son dévouement, ne pouvait plus suffire à la tâche, demande à sœur Geneviève de quitter Besançon et de venir la rejoindre à Regina-Cœli. Celle-ci qui ne sait rien refuser à ses supérieures, part immédiatement et arrive à Naples, après un long et pénible voyage, dans les premiers mois de l'année 1811.

Aussitôt installée, elle se met à l'œuvre, mais, comme elle ignore la langue du pays et ne peut enseigner, la fondatrice lui confie la surveillance et la garde des femmes infirmes dans l'hôpital des Incurables, qui reçoivent de son dévouement les soins les plus empressés ; car elle affectionne ses

(1) *Confess.*, l. IX, c. IX, n° 22.

malades, et, toujours attentive à leurs moindres besoins, elle veut leur témoigner toute la sollicitude d'une mère. Panser leurs plaies, soutenir leurs membres languissants, ranimer leur courage abattu par la souffrance, sont autant d'actions où elle excelle et où elle trouve la plus grande et la plus douce facilité.

Elle s'acquitta si bien de ses fonctions qu'un jour, elle réussit à convertir une jeune protestante qui, touchée des soins assidus dont elle était l'objet, demanda à entrer dans le sein de l'église catholique. Après l'avoir instruite des vérités de la Religion, elle la disposa à recevoir le sacrement de baptême. Et, le jour où, dans l'église de Regina-Cœli, la jeune néophyte abjura ses erreurs pour embrasser la foi catholique, fut, pour sœur Geneviève, un jour d'un indicible bonheur. Les attentions, les prévenances qu'elle avait eues pour cette dissidente lui valurent de sa part un attachement qui ne se démentit jamais. Plus tard lorsque sœur Geneviève alla recevoir au ciel la récompense due à ses mérites, elle la pleura comme un enfant pleure une mère. De fait, ne lui avait-elle pas donné la vie spirituelle. En souvenir des faveurs qu'elle avait reçues de sa bienfaitrice, elle se consacra avec plus d'ardeur aux œuvres de religion et surtout à la pratique de l'humilité qu'elle n'avait cessé d'admirer dans sa seconde mère.

L'humilité était bien la vertu fondamentale de

sœur Geneviève. Elle en fit la règle de toute sa vie, évitant avec soin les emplois qui pouvaient la distinguer de ses compagnes. Quand mère Thouret voulut l'élever à la dignité de maîtresse des novices et, plus tard, lorsqu'elle en fit son assistante dans le gouvernement de la communauté, elle fut obligée pour vaincre sa résistance, de lui dire : « Passez sur mon corps pour le fouler aux pieds, si vous voulez ; mais ne vous opposez pas plus longtemps à mes désirs. »

L'office de maîtresse des novices est un des plus importants dans une communauté religieuse. On en devine aisément la raison. Les sujets qui en sont chargés doivent réunir de nombreuses qualités et principalement les vertus et les lumières dont ont besoin les personnes appelées à former et à instruire les autres dans la pratique de la perfection chrétienne.

Sœur Geneviève, qui n'avait accepté cette charge qu'à son cœur défendant, la remplit à la grande satisfaction de sa supérieure. Sa piété, son extérieur si recueilli et sa physionomie si bienveillante, je ne sais quel mélange heureux de douceur suave et d'exquise bonté lui conquit bien vite la confiance et l'estime des jeunes novices.

Gardant pour elle les emplois les plus humbles et les plus pénibles, comme de laver la vaisselle, balayer la maison, etc., elle laissait à ses élèves les travaux les moins rebutants et les plus faciles. Toujours elle les devançait par l'exemple comme elle les précédait par la dignité, et, par cette méthode si pratique, les formait aisément à l'obéissance et à l'humilité. Malgré l'indulgence et la douceur qu'elle apportait dans sa direction, la fermeté cependant n'en était pas exclue. Et quand il le fallait, elle n'hésitait pas à signaler les défauts de caractère et les manquements à la règle. Ses observations d'ailleurs étaient toujours reçues avec soumission et respect. Elle montrait, dans l'accomplissement de ce devoir, une affection si pure et une si persuasive vertu que l'on pouvait lui appliquer ces touchantes paroles de saint Augustin parlant de sa mère, sainte Monique : « Elle les enfantait de nouveau à la vie spirituelle chaque fois qu'elle les voyait s'écarter du chemin qui mène à Dieu » (1).

***

Les qualités de sœur Geneviève éclatèrent surtout quand, en 1818, elle fut chargée, en l'absence de mère Thouret, du gouvernement de la maison. La supérieure générale, au mois de septembre, avait adressé au Souverain Pontife Pie VII une supplique pour le prier de donner à ses constitutions la sanction pontificale et l'approbation qui devaient assurer à son Institut le privilège de l'existence religieuse. Deux mois après, pour obtenir plus promptement l'approbation désirée, elle se

(1) *Confess.* loc. cit.

mit en route vers la Ville Eternelle où son séjour se prolongea jusqu'au mois d'août 1820.

Pendant cette longue absence, sœur Geneviève ne négligea rien pour conserver à l'établissement de *Regina-Cœli* la bonne direction qui lui avait été imprimée. Sa sollicitude s'étend à tout le personnel de la maison. A l'hospice des incurables, elle visite les malades, s'informe de leur état, leur parle de Dieu, du ciel, des mérites de la souffrance ; et ses exemples, comme ses paroles, apportent la résignation et la paix à tous ces infortunés cloués sur un lit de douleur.

Sa présence, au milieu des jeunes filles des différentes écoles, n'est pas moins efficace. Elle leur fait estimer la modestie, l'humilité et l'obéissance ; elle leur parle de la beauté de la vertu des anges, de la pureté qui est la plus belle parure des jeunes gens ; et, par dessus tout, elle leur recommande la dévotion à Jésus dans l'Eucharistie et à la Très Sainte Vierge. Les religieuses des divers établissements ne sont point oubliées. Les regardant et les aimant toutes comme ses filles, elle s'efforce de les former à la vie spirituelle, en allumant dans leur cœur le feu de la divine charité. C'est ainsi que, par ses encouragements et surtout par ses exemples, elle fit croître et développer les vertus chrétiennes dans la communauté tout entière.

***

Le zèle déployé par sœur Geneviève au sein de

l'Institut ne fit pas oublier l'absence de la supérieure générale. Son séjour à Rome se prolongea plus qu'elle ne l'avait pensé. Toutefois, au milieu de ses visites et de ses courses, le souvenir de Regina-Cœli lui revenait souvent à l'esprit. Elle écrivait fréquemment à sa remplaçante pour lui faire connaître les résultats de ses démarches et pour l'exhorter à se consacrer entièrement à l'œuvre entreprise. Celle-ci, à son tour, lui adressait de longues lettres où elle rendait compte des bonnes dispositions des personnes confiées à sa charge et du bien qui se faisait autour d'elle.

***

Au mois d'août 1820, la fondatrice revint à Naples où elle ne devait rester que quelques mois.

Après avoir institué un pensionnat pour les jeunes filles de bonne famille, dans le commencement de 1821, elle fit ses préparatifs de départ pour Besançon où certaines difficultés survenues au sujet des quelques changements apportés à la règle de l'Institut par la Cour de Rome, réclamaient sa présence immédiate. Mais avant son départ, elle dût prendre une détermination importante.

***

Il fallait, parmi ses sœurs, en trouver une qui fut capable de la remplacer pendant son absence, dans la direction générale de la communauté de

Naples. De nouveau elle jeta les yeux sur sœur Geneviève Boucon, maîtresse des novices.

Ange de piété, de charité et de dévouement, sœur Geneviève avait toutes les qualités d'une excellente supérieure. On dut cependant, tant elle était modeste, user en quelle sorte de violence pour lui faire accepter la charge nouvelle. Malgré ses réclamations, mère Thouret ne voulut rien entendre et lui ordonna, au nom de l'obéissance, de répondre à ses désirs.

« Devant une volonté ainsi exprimée, il fallut bien s'incliner, et sœur Boucon accepta les fonctions qui lui étaient confiées, à la grande joie de tout le monde. La mère Thouret la présenta, comme sa remplaçante, à ses compagnes, aux novices et aux aspirantes ; elle fit à toutes les recommandations les plus chaleureuses pour que chacune, durant son absence, gardât honorablement le poste de l'honneur et du devoir ; elle les assura de son dévouement inaltérable, de son affection toute maternelle, et, après les avoir bénies, elle les embrassa tendrement. La séparation ne se fit pas sans larmes. La bonne Mère cacha les siennes, mais elle ne put dissimuler les regrets et les craintes qu'elle emportait » (1).

***

La fondatrice quitta Naples dans le courant de juin 1821. Mais, malgré les fatigues et les préocu-

(1) M. l'abbé Calhiat : *La mère Thouret*, page 316.

pations d'un long voyage, elle n'oubliait pas ses chères filles de *Regina-Coeli*. Elle leur écrivit à plusieurs reprises, les exhortant à persévérer dans la pratique des conseils évangéliques et à prier pour le succès de ses démarches. Sœur Boucon qui, à son tour, la mettait au courant de ce qui se passait chez elle, reçut de Rome, de Modène et de Turin les lettres les plus édifiantes et les plus affectueuses. Ces lettres furent pour elle un réconfort et une consolation dans la charge qu'elle n'avait acceptée qu'à contre cœur.

Le 16 septembre, elle reçut de sa supérieure générale une nouvelle lettre, datée de Thonon, qui l'engageait à mettre, pendant son absence, toute sa confiance en Dieu. « Je me rassure, disait-elle à sœur Boucon, en pensant que le digne père Pacôme (1) vous aide à porter votre croix. »

Mère Thouret voulait parler sans doute des difficultés que sa remplaçante pouvait rencontrer dans l'exercice de sa charge. En effet, la responsabilité que sœur Geneviève avait assumée en acceptant, pour la seconde fois, le titre de supérieure provisoire, lui semblait un fardeau bien lourd, et, dans les circonstances données, au-dessus de ses forces. Mais, se confiant en Celui qui a dit : « Si quelqu'un veut être mon disciple,

(1) L'abbé Jean Galdieri, dit le père Pacôme ; était un des confesseurs de *Regina-Coeli*

qu'il porte sa croix et me suive, » jamais elle ne se laissa arrêter pas les obstacles qui se présentèrent devant elle. Les veilles, les fatigues, les peines, tout était compté pour rien, quand, en les affrontant, en les subissant, elle pouvait donner à Dieu une nouvelle marque de son amour. « L'amour de Dieu, dit l'auteur de l'Imitation, est généreux ; il fait entreprendre de grandes choses et il excite toujours à ce qu'il y a de plus parfait.... Et, à cause de cela, il peut tout et accomplit beaucoup de choses qui fatiguent et épuisent vainement celui qui n'aime point. » Par sa conduite, sœur Geneviève réalisait ces belles paroles prononcées en l'honneur du triomphe de la charité chrétienne.

Sur la fin de l'année 1821 (6 décembre), elle reçut encore une circulaire dans laquelle sa supérieure, sachant bien qu'il n'y a ici-bas qu'une seule chose nécessaire, recommande à ses sœurs de songer sérieusement aux devoirs de leur vocation ; et, à propos de plusieurs religieuses emportées par la mort pendant son absence, après avoir fait généreusement le sacrifice de leur vie, de leur pays et de leur famille, elle leur prêche de penser à l'éternité : « Car le trépas peut nous frapper à tous les âges, même au printemps de la vie ».

D'autre part, sœur Geneviève, très souvent aussi, écrivait à sa supérieure pour lui donner des nouvelles de sa chère communauté napolitaine, de ses filles et de ses pauvres. Le 17 janvier 1822, elle lui demanda la permission de renouveler ses vœux, avec les sœurs professes pour la fête de l'anncnciation. La supérieure générale, accédant à ses pieux désirs, lui répondait dans l'élan de son âme toujours fervente :

« Oh ! quelle faveur d'appartenir entièrement au roi du ciel et de la terre, quelle consolation pendant la vie et à la mort ; quelle heureuse espérance de chanter devant l'agneau sans tache le cantique que nulle autre bouche ne pourra chanter ! Oh ! je vous souhaite à toutes ce bonheur inestimable !... »

Puis elle ajoutait avec l'accent de la tristesse qui espère : « Les affaires de Besançon en sont toujours au même point. Le moment de la toute puissance de Dieu arrivera tôt ou tard, continuez à prier et à faire prier pour votre mère en J. C. »

Inutile de rappeler avec quel respect filial, sœur Boucon recevait de si touchantes lettres de sa supérieure et avec quel empressement elle répondait à ses désirs en faisant prier suivant ses intentions.

Au mois de mars 1822, sœur Boucon donna encore les meilleurs renseignements sur la communauté à sa supérieure qui en ce moment se trouvait à Paris.

Puis, après l'avoir assurée du bon esprit qui régnait à Regina Cœli, elle lui disait un mot de sa santé dont l'état, à cette époque, laissait fort à désirer.

La fondatrice répondit aussitôt à sa suppléante qui, paraît-il, ne se ménageait pas assez : « Soignez-vous donc, ma chère fille, et songez que si vous ne le faites pas, vous faites le plus grand tort aux malades, aux pauvres qui ont besoin de vous, à la communauté tout entière qui, sans nous, ne peut vivre et prospérer ».

On voit en lisant ces lignes, quelle confiance et quelle estime mère Thouret accordait à celle qui était chargée de la remplacer.

Sœur Boucon reçut encore de sa supérieure générale une lettre édifiante qu'elle lui adressait de Paris, le 22 janvier 1823, pour lui recommander la vertu qu'elle pratiquait si bien, la patience ; car la supérieure de Naples avait, elle aussi, ses ennuis et ses difficultés. « Je ne vous oublie pas, ma bonne fille, lui disait-elle ; je voudrais vous écrire plus souvent, mais cela ne m'est pas possible ; vous savez aussi bien que moi que l'on ne peut pas faire tout ce qu'on voudrait.

« Ma position que vous connaissez est toujours la même ; il me faut bien du courage et de la patience. C'est au pied de Jésus crucifié que je puise la force dont j'ai besoin, c'est pour lui et pour mon prochain que je souffre. Vous aussi, ma bonne fille, vous souffrez beaucoup de la part de votre monde ; que le bon Dieu daigne le convertir ! Faites, ou plutôt, continuez de faire tout ce que vous pouvez pour le bien spirituel et corporel de ces gens, en attendant l'heure de la Providence pour la fin de toutes vos épreuves. »

***

Evidemment, la supérieure générale, dans cette lettre, fait allusion aux événements qui venaient de se passer à Naples et dont le contre-coup s'était fait sentir dans les établissements de *Regina-Cœli* jusque là si paisibles et si réguliers.

La secte dangereuse des *Carbonari*, dont l'extension fut si rapide à cette époque, avait excité à la révolte les Napolitains aux cris de *Vivent les cortès d'Espagne*. En peu de temps, on vit le mouvement insurrectionnel se propager dans un grand nombre de provinces. De toutes parts, on demandait que le gouvernement adoptât la constitution des cortès espagnoles de 1812 et qu'elle fut signée par le roi dans les vingt-quatre heures. Ferdinand IV, alléguant l'état de sa santé, nomma alors son fils *vicaire général* du royaume. Le jeune prince se rendit aux vœux des insurgés, le roi confirma la promesse de son fils en s'engageant à jurer la Constitution devant l'assemblée provisoire qui allait être formée.

Les souverains étrangers furent loin d'approuver ces innovations qui menaçaient la tranquillité de l'Europe entière, et ils décidèrent que le royaume de Naples serait occupé temporairement par une armée aux ordres de Ferdinand lui-même. L'enthousiasme des Napolitains s'évanouit devant les baïonnettes autrichiennes. Les étrangers marchèrent sur Naples presque sans obstacle, et leur entrée dans cette ville termina la révolution. Ferdinand rentra dans sa capitale au mois de mai 1821. Mais un séjour prolongé des Autrichiens fut jugé nécessaire pour y maintenir la tranquillité.

La présence de ces étrangers et surtout les efforts de la Franc-Maçonnerie pour entretenir la division dans les esprits et la révolte dans les masses, n'avaient pas laissé de produire quelques secousses dans les établissements religieux du royaume de Naples. Le personnel laïque, employé dans les établissements se montrait moins docile et plus revêche. Dans les hôpitaux, les infirmiers et les malades, séduits par les idées nouvelles, refusaient de reconnaître leur erreur, et, partout se disposaient mal à recevoir la grâce de la réconciliation. Mère Thouret, instruite des difficultés que rencontrait sœur Geneviève partagea ses peines, et dans sa lettre du 21 janvier 1823, elle l'exhortait vivement à se dévouer pour le bien spirituel et corporel de tout son monde.

Ces conseils furent suivis de point en point. La supérieure provisoire ne négligea aucun moyen de ramener les esprits à des jugements plus droits et à des sentiments plus chrétiens. Elle fit régner l'union et la paix parmi *son monde*, et voulut, malgré leurs dispositions plus ou moins douteuses, traiter les pauvres et les infirmes en *grands seigneurs*, parce que, disait-elle avec Saint-Vincent de Paul, « ils peuvent être de grands seigneurs dans le ciel. » Puis, s'efforçant de les gagner tous à Jésus-Christ, elle se multipliait partout pour recueillir des âmes et les transformer en élus.

***

Peu de temps après cette dernière lettre, la fondatrice quittait Paris et se mettait en route pour rentrer à Naples où elle ne devait arriver que vers la fin de l'année. En passant à Besançon, elle voulut visiter les établissements qui lui devaient l'existence, mais cette consolation ne lui fut pas accordée à cause des difficultés qui existaient entre la maison de Naples et celle de Besançon. L'accueil qu'elle reçut à Thonon apporta quelque adoucissement aux déchirements de son cœur, ainsi que les témoignages d'affection et de respect qui lui arrivaient de sa chère maison de Naples.

Le 30 mai 1823, Sœur Boucon lui fit écrire par l'abbé Jean Galdiéri, dit le Père Pacôme, qui, depuis le départ de Mgr Narni (1) était devenu le premier confesseur de *Regina Cœli*, une longue lettre pour lui donner des nouvelles de la communauté, et l'encourager au milieu de ses épreuves. Entre autres choses le Père lui disait : « Vous

(1) Le chanoine Narni, premier confesseur de la communauté, avait été nommé, en 1818, archevêque de Cosenza.

voilà accablée par d'injustes persécutions ; mais, ma fille, les desseins de Dieu sont impénétrables ! il faut recourir à cette foi dont votre cœur à toujours été rempli et qui, en chaque rencontre est devenue votre appui. J'espère comme vous que vous triompherez bientôt de vos ennemis, et que la vérité sera enfin connue, même de ceux qui vous font la guerre. »

Hélas ! ce vœu qu'accompagnaient tant de prières, ne devait pas se réaliser encore. Dieu avait ses desseins, et ils étaient selon l'expression du Père Pacôme vraiment *impénétrables !!* La bonne Mère ne cherchait pas à les scruter. Elle s'y soumettait comme un enfant, contente et résignée !

***

Pendant le voyage de sa supérieure générale, Sœur Geneviève apprit la mort de Pie VII (1) qui laissait au monde et à l'église le souvenir d'un long et glorieux pontificat. Son gouvernement avait été moins marqué de prospérités que de revers. Cependant, après avoir subi les brutalités de Napoléon, il pu rentrer à Rome, couronné de l'éclat de la persécution, et achever dans la paix d'une administration respectée et paternelle une carrière de vingt-trois années de Pontificat, traversée par les plus étranges événements.

Sœur Boucon fit prier pour cet éminent Pontife : Il avait été le protecteur de l'Institut et en avait

(1) 20 août 1823.

approuvé la règle. Les cérémonies funèbres achevées, elle se prépara à recevoir la supérieure générale qui devait arriver à *Regina-Cœli* vers la fin de septembre.

« Le retour de mère Thouret fut un triomphe. Aussi sa réception fut belle et imposante comme une ovation. Elle avait, certes, bien mérité les honneurs que sa suppléante lui faisait rendre : elle les accepta comme un dédommagement à ses tristesses dont Dieu seul connaissait la profondeur et l'amertume, et, avec son courage ordinaire, elle reprit ses fonctions de supérieure pour mener de nouveau à Naples sa vie édifiante et résignée. » (1)

***

Les dernières années de Mère Thouret furent semblables aux précédentes, c'est-à-dire un tissu continuel de vertus et de sacrifices, de vertus vaillamment pratiquées et de sacrifices virilement acceptés.

En 1825, elle s'acheminait vers la soixantaine ; elle n'avait pas d'infirmités, mais elle commençait à sentir le poids de l'âge, et les douleurs qu'elle avait ressenties, avaient altéré sa santé. Depuis longtemps d'ailleurs, elle se préparait, comme les saints, à son heure dernière, et elle voyait venir sa fin sans effroi, se montrant toujours bonne, affable et souriante. Enfin, atteinte d'une seconde attaque apoplectique, malgré les soins qui lui

(1) M. l'abbé Calhiat, *Ibid.*, p. 368.

furent prodigués, elle s'endormit doucement dans le Seigneur, le 24 du mois d'août 1826, à 10 heures du soir.

Le lendemain Sœur Geneviève fit porter la vénérée défunte, revêtue de ses habits religieux, à l'Eglise du monastère par les religieuses elles-mêmes, accompagnées des élèves et des personnes de la maison. Puis, le soir du second jour, après les dernières cérémonies funèbres elle la fit inhumer dans le caveau creusé exprès dans la chapelle de l'Immaculée Conception, au milieu des sanglots de ses filles inconsolables.

***

Du haut du Ciel, la vénérée fondatrice ne cessera de veiller sur ses chères filles, et, par les faveurs qu'elle leur obtiendra, elles suivront toujours la voie du sacrifice et du dévouement qu'elle leur a tracée !

CHAPITRE III

Mgr l'archevêque de Cosenza a fait l'éloge de la nouvelle supérieure. — Sœur Geneviève désire et demande l'union des maisons de Naples et de Besançon. – Création de divers établissements en Italie. – Deux lettres circulaires de Sœur Geneviève à ses religieuses, 1829-1830. — Maisons fondées à Verceil, Turin, Chambéry, etc.

Pendant de longs mois, les religieuses de *Regina-Cœli* reçurent successivement des lettres de condoléances qui toutes rendaient un éclatant témoignage aux éminentes qualités de celle qu'elles avaient perdue.

Parmi ces lettres, il en est une que nous devons citer, parce que, après avoir rappelé les vertus et les mérites de la chère disparue, elle parle de celle qui fut appelée à lui succéder.

Sœur Geneviève avait fait annoncer la mort de la supérieure générale à Mgr Narni, archevêque de Cosenza. Voici les dernières lignes de la lettre de l'excellent prélat qui avait été le premier confesseur de la bonne Mère à Naples :

« Et maintenant que nous pleurons son décès, elle, bienheureuse, nous regarde du ciel d'où elle protège l'Institut et ses filles qu'elle a tant aimées. Vous la rejoindrez un jour pour ne plus la quitter. En attendant, elle vous a laissé ici-bas une autre mère qui s'est abreuvée avec elle pendant plusieurs années aux coupes de la grâce et qui continuera de vous diriger dans l'accomplissement de votre mission secourable et dans la pratique des vertus chrétiennes.

***

Cette mère, qui devait dans l'avenir diriger les sœurs de *Régina-Cœli* dans la pratique des vertus religieuses, était, on le devine, la sœur Geneviève Boucon qui fut, en attendant l'élection canonique, nommée provisoirement supérieure générale.

Nous savons déjà qu'elle méritait la confiance de ses compagnes, puisqu'elle avait si longtemps joui de celle de mère Thouret. C'était bien la religieuse qui pouvait le mieux alors continuer les traditions de la vénérable morte, elle avait hérité de son esprit et elle n'avait qu'à marcher sur ses traces pour répondre à ce que demandait d'elle l'Institut tout entier. »

En attendant, c'est elle qui écrivait ou faisait écrire aux maisons de l'Institut pour leur annoncer officiellement la mort de la supérieure générale, et leur demander des prières.

Le 15 septembre, sœur Rosalie Thouret, faisant fonction de secrétaire auprès de la mère Boucon, comme auprès de sa tante, écrivait en termes émus à la supérieure de Besançon pour lui faire part de la fatale nouvelle, et elle terminait sa lettre par les lignes suivantes :

«... Il me reste à vous dire, mes très chères sœurs que j'ai à remplir envers vous une commission bien douloureuse qui m'a été donnée par notre très chère sœur Boucon, laquelle nous avons choisie ici de commun accord pour notre supérieure actuelle et qui a été autorisée, malgré toutes les oppositions qu'elle a pu faire, à accepter cette charge par S. Eminence le cardinal archevêque de Naples. Elle désirerait savoir quels sont vos sentiments à l'égard de l'union qui n'a jamais cessé d'exister de notre part envers vous. C'est dans cette attente qu'elle me charge de vous offrir ses sentiments d'estime et d'affection, etc. »

***

A cette lettre qui, on le voit, posait vers la fin une question délicate pour les sœurs de Besançon, voici ce que répondit, le 4 novembre 1826, la sœur Catherine Barroy :

« ... La bénédiction que le seigneur daigne répandre sur notre communauté, l'accroissement qu'elle prend tous les jours, le choix particulier que Dieu semble faire de nous pour sa gloire. l'édification des fidèles, le soulagement des pauvres, nous fait désirer bien vivement une réunion franche et sincère des maisons hors de France avec la maison mère de Besançon, sous l'obéissance des supérieurs Ecclésiastiques du diocèse et de la supérieure générale élue selon nos constitutions.

« En attendant qu'il plaise au seigneur de tourner les esprits et les cœurs de ce côté là, au moins pour nos chères sœurs qui désireraient revenir dans leur patrie et parmi nous, nous demeurerons unies par les liens de la charité avec toutes les communautés qui suivent avec ferveur leurs règles et leurs constitutions.

C'est dans ces dispositions que je suis, etc. »

P. S.— Nous prions Révérende mère Geneviève d'agréer nos respectueux sentiments d'affection et d'attachement. »

***

Sœur Catherine Barroy, nommée supérieure générale à Besançon, en 1822, n'était sans doute pas étrangère aux dissentiments qui s'étaient élevés entre les maisons de Naples et de Besançon. Cependant, dans sa réponse, elle n'y fait allusion que pour en rejeter la responsabilité sur la maison de Naples, et, d'après elle, pour arriver à une réunion franche et sincère, il faut que les religieuses d'Italie fassent les premières démarches vers la réconciliation.

Etait-elle de bonne foi ? se demande M. Calhiat ? C'est bien possible ; car enfin, elle avait derrière elle un prêtre et un archevêque, tous deux estimés, et, dans ces conditions, elle pouvait aisément se persuader qu'elle représentait la justice et la vérité.

Que pensa mère Geneviève Boucon en lisant sa lettre ?

Nous l'ignorons, mais elle dut sans doute gémir sur ces prétentions peut-être plus naïves que coupables, et se dire : attendons dans la prière et la patience l'heure de Dieu pour une réunion impossible dans les termes qu'on nous propose.

***

« En attendant, sœur Geneviève continua son œuvre à Naples en digne et fidèle héritière de la mère Thouret. Il fallut cependant qu'elle fut élue canoniquement pour remplir ses fonctions d'une manière autorisée. Pour cela, le 6 décembre 1826, ses sœurs adressèrent à la Congrégation des Evêques et Réguliers une supplique dans laquelle elles exposaient sommairement l'histoire de leur Institut et son état actuel depuis la mort de la fondatrice, et demandaient humblement ce qu'elles devaient faire pour le choix de la nouvelle Supérieure générale, pour bien se conformer à l'esprit de leurs constitutions. Elles avaient soin d'ajouter qu'en attendant elles avaient nommé, avec l'autorisation de l'archevêque de Naples une supérieure provisoire qui veillait au moins sur les établissements de Naples » (1).

A cette supplique la congrégation répondit sans tarder que les sœurs devaient s'en tenir aux constitutions approuvées par Pie VII, d'heureuse mémoire, pour la nomination de la nouvelle supérieure générale. Or, dans les premiers mois de 1827, le chapitre des supérieures réunies confirma la

(1) M. l'abbé Calhiat, *ibid.*, page 409.

sœur Geneviève Boucon dans son titre et dans sa charge.

« Dès ce moment, écrit M Calhiat (1), la joie commença à renaître à *Regina-Cœli* et une ère nouvelle se leva sur l'Institut des filles de la Charité. Ou plutôt, cette ère nouvelle ne fut que la continuation de l'ère florissante qui, depuis de longues années, donnait paix et prospérité à toutes les maisons unies de l'obédience de Naples, grâce au tact, à la direction et à l'activité de la mère Thouret.

« Car la sœur Boucon était l'Elisée de l'Elie ravi naguère au ciel. Elle n'avait pas reçu le manteau de la fondatrice, mais elle avait reçu mieux que cela : Elle avait hérité de son esprit et de son cœur. Aussi, n'eut-elle aucune peine, en reproduisant ses vertus, à faire revivre sa mémoire. »

L'un de ses premiers soins, quand elle eut acceptée la charge qu'elle aurait bien voulu placer sur d'autres épaules, fut de commander une inscription funéraire pour la tombe de la chere disparue, et sitôt que cette épitaphe fut composée, elle la fit graver sur sa tombe.

***

La nouvelle supérieure, après avoir rendu les derniers devoirs à la digne fondatrice des sœurs

(1) *Ibid.*, page 410.

de la Charité de Besançon, s'empressa de répondre aux demandes qui lui sont adressées pour la création de nouveaux établissements.

En 1826, elle envoie à Verceil, dans la Haute-Italie, six religieuses pour diriger l'asile fondé dans cette ville en faveur des pauvres abandonnés. L'année suivante, elle désigne, pour l'hospice de Saint-Maurice, en Valais, quatre sœurs qui devront non seulement diriger une école gratuite ouverte aux jeunes filles de la paroisse, mais encore hospitaliser les nombreux pèlerins qui viendront de loin vénérer les reliques insignes du Protecteur de la contrée. En 1828, sur ses ordres, douze sœurs se rendent encore à Bettonnet, près de Chambéry, pour y soigner de pauvres aliénés.

A la même époque, les administrateurs de l'hospice des aliénés de Turin demandèrent une dizaine de sœurs pour soigner les pauvres malades. Sœur Victoire Bartholemot, supérieure de la maison de Saint-Paul (1), appelée à ce poste difficile, se rendit immédiatement, avec les religieuses désignées, dans la capitale du Piémont.

Impossible de décrire l'état lamentable dans lequel elle trouva les fous. Ils étaient attachés et couchés sur un fumier comme des bêtes de somme.

Navrée du spectacle désolant qu'ils lui offraient

(1) Saint-Paul, petite paroisse voisine d'Evian, où sœur Victoire avait établi le noviciat de la province de Savoie.

sœur Victoire se mit aussitôt à l'œuvre, avec ses compagnes, pour améliorer leur sort, et dans peu de jours l'hospice fut transformé à la grande satisfaction des familles et des administrateurs.

Mais ce résultat ne fut pas atteint sans fatigues. Sœur Victoire tomba malade à Turin et dut y prolonger son séjour. Sur ces entrefaites, mère Boucon, ayant appris le bien qu'elle avait fait partout sur son passage, la nomma provinciale pour le Piémont. Mais l'humble sœur crut devoir décliner cette nomination, pour des raisons de santé. Elle exposa à la Supérieure Générale que ses forces s'amoindrissaient de jour en jour, que le climat de l'Italie l'éprouvait beaucoup, et que, dans ces conditions, elle la priait de la laisser retourner en Savoie. Elle ajoutait cependant qu'elle était prête à tous les sacrifices dans l'intérêt de l'Institut.

La mère Geneviève n'insista pas, et sœur Victoire, nommée provinciale quand même put revenir à sa chère maison de Saint-Paul. « C'est là, disait-elle, que j'ai beaucoup souffert ; c'est là aussi que Dieu m'a accordé de douces consolations ; c'est là que je désire vivre et mourir. »

De retour en Savoie, elle y retrouva la force et l'activité des anciens jours. Mais comme la maison de Saint-Paul ne lui offrait pas une facilité bien grande pour visiter les établissements de la province, elle songea à transporter sa résidence sur un point plus central, et la Providence permit qu'elle trouvât à La Roche, dans la Haute Savoie, un domaine qui paraissait réunir toutes les conditions requises pour une maison provinciale. La Supérieure Générale, informée de ses desseins, les approuva et les favorisa de son mieux. En 1841, elle l'autorisa à transférer le noviciat de Saint-Paul à La Roche.

Là, pendant vingt ans encore, sœur Victoire dirigea, avec une sagesse consommée et un zèle inlassable, les deux provinces de Savoie et du Piémont. Mais, en 1861, fatiguée et vieillie, elle offrit humblement sa démission à sa Supérieure Générale qui lui permit de prendre sa retraite à Saint-Paul. Elle y mourut trois ans plus tard, emportant les regrets de tous ceux qui l'avaient connue (1).

Ces diverses fondations nous montrent l'activité déployée par la nouvelle supérieure, pour répondre aux désirs des populations qui, de toutes parts, réclamaient des religieuses pour l'instruction des enfants et le soin des malades.

Mais, avant de parler des nombreux établissements créés de 1830 à 1840, nous devons signaler deux lettres circulaires que mère Geneviève

---

(1) Sœur Victoire Bartholemot ; née en 1791, à Thervay (Jura), fut d'abord envoyée à Gray où elle se distingua par sa belle conduite pendant le siège de la ville, en 1824, puis à Bourg et enfin à Saint-Paul où elle mourut en 1864, après cinquante années de profession. (Cf. M. Calhiat, page 511).

adressa à ses filles quelques années après son élection. La première est datée du 5 décembre 1829. Nous en donnons une traduction abrégée :

Mes très chères sœurs,

Que la paix de Notre-Seigneur soit avec vous à jamais !

Nous venons enfin remplir envers vous un devoir que notre charge nous impose et resserrer de plus en plus les liens sacrés que la charité de J.-C. a formé en nous. Ne pouvant vous exprimer de vive voix les sentiments purs et sincères de notre cœur, nous profitons de la nouvelle année pour vous faire connaître, par cette circulaire, les vœux que nous adressons pour vous au ciel et vous redire combien nous désirons votre avancement dans la perfection de notre saint Etat.

L'année qui va disparaître, nous invite à faire un sérieux retour sur nous-mêmes et à prêter une oreille attentive à la voix de notre conscience : si, après avoir examiné l'ensemble de notre conduite, nous pouvons nous rendre ce témoignage que nous n'avons rien ou presque rien à nous reprocher, que nous avons accompli nos devoirs et tous nos devoirs, l'année aura été pour nous heureuse et pleine de mérites. Toutefois, malgré cette assurance, ne pouvons-nous pas ajouter avec l'apôtre : « Je ne suis cependant pas sans crainte, car Dieu doit me juger et ses jugements, infiniment justes, peuvent me couvrir de confusion....

Notre-Seigneur, en saluant les apôtres après sa résurrection, leur dit : « Que la paix soit avec vous ! » Puis, en leur montrant ses pieds et ses mains percés, et son côté ouvert, il leur laisse entendre que cette paix, sollicitée pour eux, est le fruit de sa passion et de sa mort. A la veille d'une nouvelle année, permettez-nous de vous exprimer le même vœu : Que la paix soit avec vous !

***

La nouvelle supérieure explique aussitôt à ses filles ce qu'elle entend par cette paix :

« Le monde ne peut donner cette paix que nous désirons pour vous, car elle ne relève ni des intrigues ni du commerce des hommes et ne dépend pas davantage des biens terrestres. Au-dessus des passions et les dominant de toute sa hauteur, non seulement elle vous mettra en garde contre l'ambition, la vanité et la présomption, mais encore vous aidera à plier sous le joug suave de l'obéissance. Votre volonté, en l'immolant, comme une victime, sur l'autel de la croix que vous avez acceptée pour partage, lorsque, au jour de votre profession religieuse, vous vous êtes engagées à la porter avec courage par la pratique fidèle de tous les devoirs de votre vocation. Voilà, chères sœurs, la douce paix que, dans la mission qui vous est confiée, nous venons vous souhaiter....

« Déjà, nous avons la douce espérance que vous vivez dans cette paix. Cependant nous demandons à Dieu qu'elle vous accompagne sans cesse, et qu'elle se transmette entière aux religieuses qui viendront après vous. Combien grande serait notre douleur si l'esprit de parti se glissait parmi vous ! Quelle anxiété serait la nôtre si la dissention et la discorde s'insinuaient dans vos rangs ! Quelle peine et quel tourment n'éprouverions nous pas si nous venions à constater que la Règle n'est plus observée, que l'aimable vertu n'est plus en honneur, et que la sainte pauvreté est prise en dédain.... C'est alors que nous pourrions nous écrier avec le prophète : « Qu'est devenu l'éclat de l'or ? Où est la beauté de la vertu ? »

***

La supérieure générale entre maintenant dans les détails, et rappelle quelques-unes des causes qui pourraient altérer cette paix :

« Ce sont d'abord les injustes préventions contre les supérieures, dont la première conséquence est d'interpréter défavorablement leurs intentions ; ce sont encore les amitiés particulières que la charité réprouve, et le trop grand attachement pour les parents et les personnes du dehors. Ces dispositions, absolument contraires au bon ordre qui doit règner dans une communauté, laisseraient supposer que l'on regrette de s'être consacré à Dieu et que l'on oublie les sublimes prérogatives attachées à l'état religieux, et surtout à la qualité d'épouse de l'Agneau sans tache.

***

« Vous ne devez pas, continue la supérieure générale, vous faire remarquer par des airs affectés, des gestes et des sourires étudiés, par une tenue trop soignée, des vêtements trop élégants, enfin par ces mille petits détails si propres à entretenir la délicatesse et à favoriser la sensualité. Est ce que nous serions heureuse, si nous apprenions que les filles de St-Vincent-de-Paul n'ont plus rien de l'esprit de leur glorieux protecteur ? Puis, en tolérant ces désordres, comment pourrions-nous faire revivre dans nos divers établissements, le zèle infatigable de notre digne fondatrice, ses vertus exemplaires et son dévouement sans borne ?

« Souvenez-vous donc de ses leçons et de ses conseils, conservez les sentiments de piété et de sagesse qu'elle n'a cessé de vous inspirer, et rendez à sa mémoire le plus bel éloge qui lui soit dû : celui de marcher sur ses traces en vous pénétrant résolument de son esprit. Profitez encore des exemples qui vous ont été donnés par un grand nombre de vos compagnes, qui, nous l'espérons, jouissent maintenant, avec notre mère et fondatrice, de la vue de Dieu et de l'éternel repos dans la patrie céleste.

« N'oubliez pas, chères sœurs, que Saint Paul nous avertit que nous sommes en spectacle aux anges et aux hommes. Alors, qu'elle ne doit pas être notre conduite ? Si, dans la propagation de notre Institut, Dieu nous a ménagé tous les moyens et appuis dont nous avions besoin, n'est-ce pas pour que nous soyons plus fidèles à l'esprit de notre vocation et que nous travaillions au salut des âmes.

Quand on verra les filles de la Charité se consumer aux services des malades dans les hôpitaux et ailleurs, et se dévouer sans relâche à l'instruction de la jeunesse, soit dans les écoles gratuites, soit dans les établissements fondés pour recevoir des enfants de familles plus aisées, le public édifié se montrera favorable à notre Institut. Et alors nous serons vraiment la lumière de l'aveugle, l'appui du pauvre et le soutien de la vieillesse.

« Enfin, rendez-vous dignes de porter le beau titre de Sœurs de la Charité et que votre nom soit toujours l'expression de votre conduite.

Vous aurez ici-bas la consolation de jouir du fruit de vos bonnes œuvres et vous transmettrez ce bel héritage à vos futures consœurs qui voudront vous imiter et vous suivre dans la pratique des vertus chrétiennes. Oh ! combien alors sera douce votre dernière heure ! Avec quelle espérance et quelle sérénité vous franchirez les portes de la mort si vous avez sû donner et susciter parmi vous des exemples de sainteté, de paix et de bonheur. »

Après avoir exhorté ses filles à l'accomplissement dés devoirs imposés par la Règle, mère Boucon termine ses vœux en priant le Seigneur de rendre la pratique de ces devoirs plus facile par sa grâce qu'elle implore pour tous les membres de sa communauté. Puis, elle ajoute :

« Voilà, nos chères sœurs, les sentiments que notre cœur désirait nous exprimer ; voilà le but où désormais doivent tendre tous Vos efforts. Ne vous appuyez point sur la créature, puisque Dieu seul doit vous suffire ; ne vous alarmez pas pour quelques souffrances passagères, puisqu'elles peuvent vous mériter une éternité de gloire ; mais considérez Jésus-Christ, votre souverain bien, et sa croix, qui doit être votre unique partage !

« Enfin, que la Règle soit votre étude, l'obéissance votre guide, la charité votre défense, et la pauvreté votre force !! En agissant ainsi, cette année et beaucoup d'autres que nous vous souhaitons, s'écouleront dans la paix et la grâce du Seigneur ! Et le Dieu éternel et tout puissant, souverain dispensateur de toute chose, sera avec Vous, nos très chères sœurs, pour le temps et pour l'éternité.

« Votre très dévouée et très affectionnée mère en J. C., Geneviève Boucon, fille de la Charité. »

« Donné à Naples, le 5 décembre 1823. »

C'est en ces termes que la Supérieure générale recommande à ses filles la paix que Jésus-Christ ressuscité souhaite à ses apôtres. Cela leur rappelle que cette paix, au-dessus de tout sentiment, consiste dans cette douce liberté de l'esprit qui fait chaque chose en son temps, avec ordre et mesure, et que l'âme qui la possède est comme un beau ciel où Dieu se plaît à faire briller son soleil, ou comme une solitude silencieuse où il se plaît à parler. Mais, pour en goûter les fruits, il faut qu'elle découle de deux vertus fondamentales, de l'humilité que rien ne saurait troubler, pas plus les blâmes que les éloges, et de la conformité à la volonté de Dieu, qui élève l'âme au-dessus des tempêtes et des agitations de la terre, dans une région de calme ineffable d'où elle domine tous les orages d'ici-bas.

L'année suivante, mère Boucon adressait à ses religieuses une nouvelle circulaire pour leur rappeler brièvement les devoirs qu'elles ont à remplir envers Dieu, envers le prochain et envers elles-mêmes.

Tout serait à citer dans ces lettres édifiantes de la Supérieure générale. Mais les limites que nous nous sommes imposées dans ce court travail nous permettent de rapporter seulement les principaux passages.

Voici donc quelques extraits de la circulaire de l'année 1830 :

«..... Puisque nous avons le bonheur d'appartenir au troupeau de Jésus-Christ, non seulement comme chrétiennes, mais encore comme épouses par notre titre de religieuses, nous avons contracté des obligations plus saintes et plus parfaites que le commun des fidèles, obligations qui nous imposent trois devoirs essentiels à remplir : le premier envers Dieu par la piété, le second envers le prochain par la justice, et le troisième envers nous-mêmes par la mortification et la pénitence. Si nous réfléchissons à ces devoirs et si nous les mettons en pratique, nous serons assurées de notre salut.

« Le premier devoir que commande la piété qui nous unit à Dieu, c'est l'exacte et scrupuleuse soumission à sa sainte volonté dans toutes les vicissitudes de la vie. Vous le servirez donc en esprit et en vérité. acceptant toujours et partout ce qu'il vous prescrit par la règle que vous avez embrassée. Les contradictions et les offenses, les préventions et les ingratitudes ne devront jamais ni vous ébranler ni vous abattre ; mais, comme les roches battues par les flots d'une mer agitée, vous resterez toujours fermes et inaccessibles aux assauts du démon qui, au milieu des tribulations, vous portera à rechercher dans les créatures des consolations qu'elles ne sauraient donner. Aux heures de péril et d'angoisse, ayez donc recours au céleste Epoux et dites-lui avec le plus grand abandon : « Seigneur, si vous êtes avec moi, qui sera contre moi ? soyez-moi propice, car vous seul je veux craindre, aimer et servir. » En vous attachant ainsi fortement à Dieu, vous confondrez le démon et vous triompherez de ses attaques.....

***

« Le second devoir que vous avez à remplir, est un devoir de justice envers le prochain. A l'exemple du divin Maître, le juste par excellence, vous serez justes à votre tour, c'est-à-dire que, dans vos relations au dehors, vous éviterez non seulement tout ce qui pourrait avoir quelque apparence de fraude, de ruse ou de supercherie, mais vous vous ferez remarquer par votre droiture, votre franchise et votre sincérité, portant au prochain un intérêt semblable à celui que vous pourriez avoir pour vous. Si vous avez été appelées à l'état religieux et si l'Eglise vous a comblées de ses faveurs, n'est-ce pas pour que vous vous dévouiez entièrement au service des pauvres et des malades, préférant votre charge à celles qui pourraient vous procurer quelques satisfactions terrestres. Considérez donc les motifs qui vous font agir afin de ne pas perdre le fruit de vos travaux et de vos peines. Pesez, dans la balance de la justice, vos pensées, vos paroles et vos actions, et que toujours vous puissiez vous rendre ce témoignage que vous voulez pour vos frères ce que vous voudriez pour vous. Votre conduite alors sera conforme à cette parole de l'Apôtre : « Celui qui aime le prochain accomplit la loi. »

***

Après avoir rappelé brièvement à ses filles ce qu'elles doivent à Dieu et au prochain, sœur Geneviève dit un mot des mortifications qu'elles ont à observer :

« ....Vous n'ignorez pas qu'en entrant dans la vie religieuse, vous avez renoncé à toutes les vanités du siècle pour vous attacher uniquement à Jésus crucifié : c'est dans ce but que vous avez quitté vos familles, que vous avez fait le sacrifice des agréments et des plaisirs du monde, pour mener, dans notre Institut, une vie d'abnégation et de détachement, et pour y employer votre santé, vos talents et votre zèle à la gloire de Dieu et au salut du prochain.

« Considérez donc à quel haut degré de perfection doit vous élever l'accomplissement de vos devoirs ! Si vous savez mettre un frein à vos désirs, fuyant les dignités et les honneurs et remplissant par vos vertus les différents emplois ; si, dans la vie commune, vous vous montrez prévenantes et charitables ; si encore, dans les pratiques de dévotion, vous consultez moins vos goûts que la volonté de vos supérieurs, vous ferez de rapides progrès dans cette sublime vertu de mortification que le divin Maître a pratiquée lui-même, et qui est comme le premier anneau de la chaîne de la vie chrétienne.

« Tels sont les fruits que nous attendons de nos maternelles recommandations. Vous voudrez vous y conformer, et cette année comme celles qui suivront, seront fertiles en vertus, car la plénitude des grâces et de la paix de J. C. se répandra sur vous. C'est ce que, dans nos prières, nous nous efforçons de demander au ciel, conjurant la toute puissance du Père de vous préserver de la contagion du siècle ; la sagesse du Fils, de vous affermir dans vos bonnes résolutions, et la charité du Saint-Esprit, de vous embraser d'un zèle ardent pour le bien. Que la glorieuse Vierge Marie soit votre protection et votre secours dans toutes vos peines, et que notre illustre protecteur, St Vincent de Paul, veille toujours sur vous, pendant la vie et à l'heure de la mort !

« C'est dans ces sentiments que je suis, avec toute l'effusion de la tendresse maternelle,

« Votre affectionnée et dévouée mère et sœur en J.-C.

« Sr Geneviève Boucon, supérieure des filles de la Charité, sous la protection de St Vincent de Paul.

Naples, le 16 décembre 1830. »

***

Tous les cinq ans, jusqu'à sa mort, sœur Geneviève fut maintenue dans sa charge de supérieure générale des religieuses de Naples. Mais la confiance des membres de la communauté en lui imposant de nouveaux devoirs, donnait un essor à sa sollicitude. A chaque réélection, elle ne manquait jamais d'appeler l'attention de ses filles sur une vertu spéciale, que les circonstances rendaient plus nécessaire et que l'avenir de l'Institut réclamait davantage.

Entre temps, elle commentait les Constitutions établies pour régler les rapports qui doivent exister entre les religieuses, diriger leur conduite dans les emplois particuliers, et déterminer leurs relations au dehors avec les gens du monde, spécialement avec les pauvres qui sont les membres souffrants de J.-C. Et, pour les encourager dans cette voie, elle ajoutait avec la vénérable fondatrice : « Si ces règles sont observées parmi vous, le Seigneur ne cessera de répandre sur notre Congrégation et sur chacune de nous en particulier ses abondantes bénédictions. Nos maisons répandront de plus en plus au dehors une odeur suave, un parfum de sainteté qui édifiera le prochain. Les pauvres, ces membres précieux de J.-C. souffrant, seront secourus et soulagés dans toutes leurs misères spirituelles et temporelles ; les gens du monde qui nous verront de près, ceux même qui ne connaissent pas la vertu, apprendront qu'elle n'est point une chimère et qu'il fait bon vivre sous ses lois. »

Ces recommandations, dictées par une sollicitude toute maternelle, étaient reçues avec un profond respect et la soumission la plus filiale. Les religieuses, heureuses de répondre aux désirs de leur Supérieure, apportaient une sainte émulation à se sanctifier en travaillant au bonheur et surtout au salut de la classe indigente.

Dès les premières années de sa supériorité, sœur Geneviève avait vu son Institut, à peine connu jusque-là, se développer rapidement dans le royaume de Naples, et franchir même les limites de cet état pour se répandre dans toutes les provinces d'Italie.

De 1830 à 1833, plusieurs établissements furent fondés dans différentes villes et confiés aux religieuses de Regina-Cœli. Parmi les plus importants, il faut signaler la maison provinciale, avec noviciat, de Verceil, dans les Etats Sardes, comprenant cinquante religieuses ; le pensionnat et l'école gratuite pour les pauvres, établis dans la même ville, et dirigés par quatorze sœurs de la charité ; l'hospice Saint-Maurice à Turin, sous la direction de douze religieuses ; l'asile Saint-Benoît établi à Chambéry, confié à dix filles de St-Vincent-de-Paul ; le grand hôpital et l'hospice de Novare, où douze religieuses de Regina-Cœli remplissent les fonctions d'infirmières à la grande satisfaction des malades, etc.

Ces divers établissements, fondés dans l'espace de trois ans, avaient exigé la présence de plus de cent trente religieuses. Sous l'administration de mère Geneviève Boucon, la communauté des sœurs de la charité, sous la protection de St-Vincent-de-Paul, prenait une extension que seuls ses bons offices et ses bienfaits pouvaient expliquer.

CHAPITRE IV

François, duc de Modène demande des religieuses.— Etablissements de Ravenne, Ferrare, Pesaro, etc. — Recommandations de mère Geneviève à ses filles. — Souvenir et exemple de la vénérée fondatrice. — Hôpital de St-Esprit à Rome.— Demande de religieuses à Besançon. — Nouvelle instance pour la réunion des deux maisons.

En 1834, François IV duc de Modène, voulut confier l'hôpital et le refuge de sa ville aux sœurs de la Charité de Naples. Il demanda donc des religieuses à la supérieure générale et celle-ci jette les yeux pour cette nouvelle fondation, sur sœur Rosalie.

Sœur Rosalie Thouret était la nièce de mère Thouret. En 1810, elle partit pour Naples et c'est à Régina-Cœli qu'elle fit profession le 3 avril 1815. Depuis cette époque, elle ne quitta plus sa tante qui la fit plus tard sa secrétaire. Elle l'accompagna dans tous ses voyages à Rome, à Thonon, à Paris, à Besançon ; elle fut toujours avec elle à l'honneur comme à la peine, et elle devint en quelque sorte son œil, comme la sœur Boucon était son bras.

Celle-ci, à son avènement, la garda comme sa secrétaire et la fit son assistance jusqu'au jour où elle dût s'en séparer, malgré toute la tendresse qu'elle avait pour elle, pour l'envoyer à Modène.

Bien accueillie dans cette ville, elle eût bientôt

conquis les esprits et les cœurs. Elle se dépensait nuit et jour pour ses œuvres ; et elle semblait être partout en même temps : se dévouer était un besoin pour elle. Le duc, qui voulait avant tout le bien-être de ses sujets, comprit sans tarder qu'il avait en elle un puissant auxiliaire pour ses bonnes œuvres.

Aussi désira-t-il, dès 1836, qu'elle rayonnât dans ses états, et qu'elle songeât à y fonder d'autres maisons. Pour cela il fallait un noviciat ; il la pria de l'établir dans sa capitale, et comme il avait une immense fortune et un grand cœur, il lui donna toutes les facilités voulues et lui promit des secours en argent pour la réalisation de ses projets charitables et patriotiques.

Encouragée par la bonté et la munificence du prince, et approuvée par la supérieure générale, sœur Rosalie se mit au travail, et le 8 décembre 1837, jour de la fête de l'Immaculée Conception, elle inaugurait son noviciat. Dieu bénit si bien son zèle qu'au bout de quelques années, elle compta une centaine de novices, heureuses de vivre sous ses ordres, et que, avant sa mort (1), elle put avoir une vraie province sous sa direction. Cette province englobait à peu près dans sa juridiction tout le territoire de l'Emilie. Elle comprenait dix-neuf communautés dont les princi-

(1) Arrivée le 17 décembre 1853, après avoir reçu les Sacrements avec une grande ferveur.

pales étaient celles de Bologne, de Ferrare, de Pesaro, de Césène et de Reggio. Le nom seul de ces villes importantes nous fait comprendre le rayonnement que la vaillante sœur sut donner à son œuvre dans les vingt ans qu'elle occupa sa charge (1).

***

Les religieuses de Regina-Cœli avaient pris possession du refuge et de l'hôpital de Modène, en 1834. Sur la fin de l'année 1835, la supérieure générale dont la mission était non seulement de fonder de nouveaux établissements, mais surtout d'en assurer la survivance par la piété, le zèle et le dévouement des personnes chargées de les diriger, adressa une troisième lettre circulaire à ses chères filles pour leur rappeler les vertus qu'elles devaient pratiquer avant tout. En voici l'analyse et quelques uns des principaux passages:

***

« Au commencement de cette nouvelle année et à l'expiration de la charge que de nouveau vous m'avez confiée pour cinq ans, je sens plus que jamais le besoin de vous ouvrir mon cœur pour vous faire part des sentiments qui me pressent en ce moment, en pensant au compte sévère que j'aurai à rendre au souverain-juge sur la manière

(1) Cf. M. l'abbé Calhiat, *op. cit.*, p. 524 et 525.

dont j'ai rempli ma mission et dont vous vous êtes acquittées des devoirs qui vous étaient imposés par la règle.

« Recevez donc les réflexions que je viens vous soumettre comme une preuve de l'amour maternel qui me consume pour vous, et avec moi, demandez à Dieu que les bonnes impressions qu'elles feront naître dans vos cœurs, y restent gravées jusqu'à votre dernier soupir ».

***

Mère Geneviève montre ensuite à ses filles que, si elles ont été appelées à se sanctifier dans l'Institut des sœurs de la charité, elles doivent en remplir toutes les obligations, et, en premier lieu, se demander souvent « si l'or de leur consécration n'a rien perdu de son éclat et, si l'astre du bon exemple, qu'elles doivent faire briller à tous les yeux ne s'est pas voilé comme d'un nuage ».

Une vie mondaine et peu en rapport avec le saint habit dont elles sont revêtues, appellerait sur elles les châtiments du divin maître qui les traiterait comme l'arbre inutile, coupé et jeté au feu parce qu'il ne donnait aucun fruit.

Pour éviter ce châtiment, il faut : 1° observer l'obéissance, base de tout ordre religieux ; 2° pratiquer l'aimable vertu par la fuite des occasions ; et 3° imiter Notre-Seigneur J.-C.

Tout serait à reproduire dans cette circulaire de

sœur Geneviève, tant les détails en sont instructifs et édifiants.

Signalons seulement ce qui a rapport à l'Imitation de Jésus-Christ :

« Non seulement nous avons été greffées sur Jésus-Christ, au jour de notre baptême, mais une seconde fois encore lorsque, prosternées au pied du calvaire mystique où il s'immola pour nous, nous jurâmes d'être uniquement à lui.

« Par cette nouvelle consécration, nous nous sommes doublement engagées à mener une vie conforme à la sienne, autant que la fragilité humaine peut le permettre. Ainsi donc, si Jésus-Christ s'est montré détaché de ses parents, nous devons apprendre de lui à nous détacher aussi des nôtres. Si Jésus-Christ se retirait à l'écart pour vaquer à la prière, il faut qu'à son exemple, quelles que soient nos occupations, nous prenions le temps voulu pour rentrer en nous-mêmes et pour nous entretenir avec Dieu de la grande affaire de notre sancfication, sans laquelle nous ne pourrions que bien faiblement contribuer à celle des autres.

« Si Jésus-Christ, par sa charité et sa douceur, attirait à lui les pécheurs, nous nous conformerons à sa conduite en évitant d'user envers le prochain de manières brusques, de paroles mordantes, de reproches amers, et, par nos bons procédés, nous nous efforcerons de le gagner à son service et à son amour.... Enfin, si Jésus-Christ a déclaré que « celui qui veut être son disciple doit le suivre », sans nous effrayer des obstacles qui peuvent naître sous nos pas, nous nous encouragerons mutuellement à marcher sur les traces du divin Modèle.

« Heureuses les filles de la Charité qui vivent ainsi ! On verra qu'elles ont été entées sur Jésus-Christ par la ressemblance de leur vie et de leur mort avec la vie et la mort du divin Crucifié ! »

***

Pour affermir leur courage, la supérieure rappelle à ses filles la brièveté de la vie et la grandeur de la récompense.

«..... Donc, convaincues que vous êtes les membres de ce chef adorable, les rameaux de cet arbre mystérieux, les enfants de ce bon père, les disciples de ce divin maître, en un mot, les biens aimées du céleste Epoux, mettez-vous à l'œuvre avec une nouvelle ardeur. Votre exil sera court, et un jour vous trouverez que vos peines ont été bien légères par rapport au bonheur qui vous est réservé. Faites cette comparaison souvent, et, tout en voyant vos craintes se dissiper, vos doutes s'évanouir, vous aurez l'espoir de faire frémir de rage les ennemis de notre foi, d'augmenter de plus en plus le corps mystique de Jésus Christ.....

«..... Et ne vous laissez pas vaincre par une timidité puérile trop naturelle à notre sexe. L'Esprit que vous avez reçu au jour de votre consécration n'est pas un esprit de crainte ni de défiance, mais un esprit de force et de générosité...

«.... Quand donc on vous demandera quelque chose de contraire à la loi divine, répondez hardiment avec l'Evangile : il vaut mieux obéir à Dieu qu'aux hommes. »

***

En terminant, la supérieure générale se sent pressée d'évoquer encore le souvenir et les exemples de la vénérée fondatrice de l'Institut et de ses premières compagnes :

« Qu'est devenue celle dont la voix si persuasive se fit entendre si souvent dans cette enceinte ? Si elle reparaissait au milieu de nous, pourrait-elle nous reconnaître pour ses enfants ? Et toutes ces âmes ferventes, qui furent comme les pierres fondamentales de notre Institut, revivent-elles en nous ?

« Je ne puis vous parler de l'origine et des progrès de notre Congrégation sans être vivement émue. Souffrez donc que je vous rappelle ces chères défuntes et que je vous demande si actuellement on retrouverait parmi vous la ferveur, l'obéissance, le zèle et le détachement dont elles étaient animées.

« Avouons le, si nous avons perdu quelque chose de l'esprit primitif de notre association, c'est que nous nous sommes trop pliées sans doute aux exigences d'un monde indifférent. Notre foi cependant ne doit pas subir les variations d'une atmosphère sans cesse agitée, mais doit rester immuable comme Celui qui en est l'auteur.

« Ce n'est pas la première fois que je vous parle de vos devoirs, et Dieu m'est témoin que je l'ai toujours fait en termes clairs et non déguisés ! Vous n'avez donc rien à me reprocher. Mais, comme dans le cours de la nouvelle année, je dois déposer le lourd fardeau qui m'a été imposé par la sainte obéissance, permettez-moi de vous parler encore une fois à cœur ouvert....

« Vivez en Dieu et pour Dieu, et vous trouverez en lui la force, le courage et la paix ; la force qui vous facilitera l'accomplissement de tous vos devoirs, le courage qui vous fera triompher de toutes les difficultés, et la paix qui vous donnera comme un avant goût des jouissances célestes. »

Un an plus tard, la direction de l'important et magnifique hôpital du Saint-Esprit, à Rome, fut confiée aux filles de la Charité sous la protection de Saint Vincent-de-Paul.

Cet hôpital peut contenir seize cents lits, on y reçoit les malades de tous les pays et de toutes les religions ; il entretient une école de clinique, une vaste bibliothèque de médecine, appelée *Lancisiana*, du nom du docteur Lancisi qui l'a donnée, une riche collection d'instruments de chirurgie, une salle de dissection. A cet hôpital, sont annexés deux autres grands établissements placés sous la même administration. Le premier est destiné aux enfants trouvés dont le nombre est d'environ huit cents, et le second aux aliénés des deux sexes, pouvant contenir plus de cinq cents individus.

Le pape Grégoire XVI, peu satisfait de l'administration intérieure de ce vaste établissement, et ayant entendu parler du bien que faisaient à Naples les sœurs de la Charité, demanda à la supérieure générale des religieuses de son Institut pour desservir l'hôpital du Saint-Esprit, mère Boucon, très honorée du choix fait par le Souverain Pontife, s'empressa de répondre à ses désirs et envoya d'abord quarante sœurs pour le service de l'hôpital.

« Le Pape n'eut pas à s'en repentir, et il faut bien qu'on ait reconnu les mérites de ces vaillantes sœurs, pour que rien n'ait put les ébranler depuis soixante-cinq ans qu'elles sont là, ni les révolutions successives qui ont bouleversé Rome, ni les changements de directeurs de la maison, ni l'avènement du gouvernement piémontais. Au contraire, elles n'ont fait que s'affermir de plus en plus ; leurs œuvres se sont étendues ; leur nombre s'est augmenté et, aujourd'hui, elle forment une belle phalange de plus de cinquante sœurs. »

Quelques mois auparavant, malgré la création de nouveaux établissements qui réclamaient sa sollicitude et son zèle, mère Geneviève Boucon avait eu à traiter une question qui la préoccupait depuis longtemps : l'union des deux communautés de Naples et de Besançon.

On sait que la Fondatrice mourut avec le regret de n'avoir rien pu faire pour la réconciliation. La seconde supérieure accepta la situation telle qu'elle était, et voulut y remédier, quand elle cru le moment venu. Après avoir mûrement réfléchi, elle écrivit à la supérieure de Besançon, le 7 mars 1836, une longue lettre qui avait deux objets.

En premier lieu, elle la priait instamment, si faire se pouvait, de lui envoyer des aspirantes pour le noviciat de Naples, vu le nombre de ses œuvres qui s'augmentaient de jour en jour, et elle lui demandait cela au nom de la fraternité qui les unissait.

En second lieu, elle touchait à la question qui la tourmentait le plus comme supérieure générale, et voici en quels termes délicats elle exprimait l'amertume de son âme :

En 1836, le 7 mars, mère Geneviève Boucon demande à la supérieure de Besançon de bien vouloir lui envoyer des jeunes sœurs « parce que, dit elle, notre Institut s'est propagé non seulement dans le royaume de Naples, mais encore dans la Savoie, le Piémont, et dans le duché de Modène...»

Puis au sujet de sa réélection, elle ajoute : « Malgré mes vives instances, il ne m'a pas été possible de déposer la charge de supérieure parce que nos sœurs s'y sont toujours opposées. Je fais donc la volonté de Dieu jusqu'à ce qu'il lui plaise d'en ordonner autrement ; mais cette charge dont la responsabilité m'effraie, m'oblige souvent à de sérieuses réflexions que je ne crains pas de vous communiquer. Voici les plaintes que je fais à N. S. avec toute l'effusion d'un cœur affligé :

« Mon Dieu, pourquoi souffrez-vous que notre Institut soit divisé, tandis que nous ne devrions former qu'une seule et même famille ? Nous sommes les mêmes enfants d'une même mère et nous nous traitons ensemble comme des étrangers au lieu de nous entr'aider mutuellement et de travailler d'un commun accord à la gloire de notre Dieu et au bien de notre prochain. Ce qu'il y a de plus affligeant, c'est que nous ignorons les causes de notre désunion et les moyens d'y remédier. Ce n'est pas tout, Seigneur, cette communauté que vous m'avez confiée, est composée de jeunes plantes qui ont encore besoin d'appuis. Cependant vous avez déjà appelé à vous celles d'entre nous qui les auraient pu soutenir; il n'en reste plus qu'un petit nombre qui ne tardera pas d'aller rejoindre leurs compagnes dans l'éternité. Que deviendra alors cette pauvre communauté ? Aurai-je la douleur de fermer les yeux avant de lui avoir trouvé une autre mère ? »

« Voilà les tristes pensées qui troublent souvent mon sommeil et qui me font répandre bien des larmes en secret. Qu'en pensez-vous, ma révérende mère ? Le Seigneur les essuiera-t-il ? Aurons-nous la consolation de nous réunir ? Oui, je l'espère, et quand ce beau jour sera venu, je n'aurai plus rien à désirer et je dirai, avec le saint vieillard Siméon : « Je suis contente de mourir. »

Telle était la lettre de la bonne mère Geneviève Boucon à la Supérieure de Besançon. Celle-ci lui répondit sans tarder, à la date du 17 mars 1836, une lettre également très longue, dans laquelle, après avoir dit qu'il ne lui était pas possible d'envoyer des aspirantes à Naples, elle traitait ainsi la grande et délicate question :

« La seconde partie de votre lettre, ma Révérende Mère, est d'un intérêt bien plus précieux encore, et c'est parce que je partage vos désirs que peut-être la difficulté de réaliser cette union m'est apparue bien plus grande. Je viens donc vous soumettre toutes mes pensées.

« Pour réunir en un seul corps les deux portions dont la séparation est maintenant consommée, il faut rétablir une unité parfaite et en faire le centre ou à Besançon ou à Naples. Or, je pense que jamais les sœurs de notre Congrégation ne consentiront à se remettre entièrement à la disposition de l'autorité résidant hors de France. Je crois parler ici sans prévention et sans influence ; mais il me semble que cet arrangement serait contre nature. Cependant, fixer à Besançon le siège de la centralisation me parait difficile pour les sœurs que vous avez formées. Jamais elles n'ont eu de relations avec nous ; nous sommes pour elles comme des étrangères et tout-à-coup ce serait avec Besançon qu'il faudrait correspondre, de Besançon qu'il faudrait recevoir son obédience, etc. Ma Révérende Mère, il n'y a que vous qui puissiez juger si l'esprit de votre congrégation est assez uni pour ce sacrifice. »

La supérieure de Besançon ajoute encore qu'elle ne sait pas si les autorités spirituelles et civiles d'Italie consentiraient à reconnaitre la Supérieure Générale résidant en France ; qu'il ne faudrait qu'un seul noviciat pour établir et maintenir l'uniformité entre personnes de pays si différents, ce qui n'est pas possible ; que, la réunion faite, la Communauté aurait un besoin plus grand de sujets capables, dévoués, doués d'une grande étendue d'esprit et d'une grande force de volonté ; que l'administration temporelle serait aussi plus difficile etc.

Enfin elle conclut en ces termes : « Si vous ne partagez pas mes craintes, ma Révérende Mère, combattez-les par vos espérances, par le courage que Dieu vous donne et que vous le prierez de me communiquer, s'il veut que nous travaillions de concert à ce projet si vaste et d'une exécution, ce me semble, si difficile......

« Puissiez-vous, ma Révérende Mère, trouver dans cet écrit la preuve du souvenir bien flatteur que notre communauté conserve de vous, de la confiance que vous nous inspirez, de la bonne volonté que nous avons de travailler en commun à la même œuvre, si telle est la volonté de notre bon et commun Maître, et des sentiments tout particuliers de respect et de dévouement avec lesquels j'ai l'honneur d'être, etc. »

Signé : Sœur Athanase Vuitton Gros,
Supérieure Générale.

La correspondance entre Naples et Besançon n'en resta pas là. Le 17 avril 1841, à l'instigation de l'archevêque de Naples, la Mère Geneviève Boucon adressa une nouvelle lettre à la Supérieure de Besançon, dans laquelle elle traitait toujours la même question. Elle écrivit même à ce sujet à Mgr Mathieu pour le prier de vouloir bien s'occuper de l'union des deux communautés et de servir d'intermédiaire entre elles ; mais ses démarches n'eurent aucun succès.

Nous en avons la preuve dans un mémoire que la même Supérieure Généralo adresse en 1842, à Grégoire XVI, pour répondre à quelques questions que le Pape lui avait fait poser, à propos des modifications apportées à la règle, et de la séparation des maisons de Besançon et de Naples.

Il est dit en effet à la fin de ce mémoire que depuis seize ans, c'est-à-dire depuis le commencement de sa charge, la Supérieure Générale n'a pas cessé de faire des démarches dans le but d'obtenir la réunion des deux centres, que ces démarches n'ont amené aucune entente définitive qu'après la dernière lettre de l'Archevêque de Besançon, elle a perdu tout espoir et qu'elle s'en remet pour la décision à la sagesse et au bon plaisir de sa Sainteté.

Depuis 1842, la question fut agitée de nouveau, mais toujours sans résultat. Il serait cependant facile de s'entendre : il suffirait de faire quelques petits sacrifices de part et d'autre pour reconquérir l'harmonie des anciens jours. Et alors, une ère nouvelle de prospérité se lèverait sur la Congrégation des filles de la charité, sous la protection de Saint Vincent-de-Paul, dont tous les membres, suivant le désir de sœur Athanase Vuitton Gros « ne formeraient plus qu'un cœur et qu'une âme ». C'est le vœu des sœurs de Rome et c'est également le rève des sœurs de Besançon.

Mgr Mathieu, dans la lettre rappelée plus haut, montre qu'il entend garder une prérogative dont ont joui ses prédécesseurs, c'est-à-dire, rester premier supérieur des sœurs de la charité de Besançon. Cependant, le souci de son autorité épiscopale, ne lui fait pas oublier la maison de Naples, et chaque fois que s'en présente l'occasion, il est heureux de s'informer des succès de l'établissement et du bon esprit qui l'anime.

Notre Archevêque avait connu à Paris l'internonce, Mgr Garibaldi, envoyé à la cour de France en attendant le rétablissement du nonce apostolique. Avec l'activité de son zèle et la curiosité naturelle à son grand esprit, il trouvait dans la correspondance de l'internonce, devenu son ami et son confident, trop d'intérêt pour la négliger.

Aussi quand celui-ci, de retour à Rome, fut nommé à la nonciature de Naples, Mgr s'empressa de lui écrire pour lui adresser ses meilleures félicitations et lui demander des nouvelles de Naples et en particulier des sœurs de la charité de Besançon. Le Nonce, dans sa réponse, 28 novembre en 1844, s'exprime ainsi au sujet des religieuses établies à Regina Cœli :

« Les sœurs de la Charité de Besançon qui se trouvent ici, et dont vous me parlez dans la lettre d'août, sont fort estimées par tout le monde à Naples, et spécialement par le Clergé. Tous leurs établissements sont très bons, et surtout leur grande maison de Naples. J'en ai parlé particulièrement avec de grands Seigneurs et de grandes Dames, personnes d'un mérite sûr, et qui ont part dans l'administration des établissements des dites sœurs. Ils m'en ont dit un très grand bien. Je me propose d'aller leur faire une visite dans leur maison principale. » (1).

L'éloge était mérité. Le représentant du Souverain Pontife, en rendant ce témoignage aux Sœurs de la Charité était l'écho, non seulement du peuple du royaume de Naples, mais encore de toute la nation italienne. De fait, sous la sage direction de Sœur Geneviève Boucon, la ruche mère, avait envoyé de nombreux essaims dans toutes les directions de la Péninsule. Ainsi, à la mort de Grégoire XVI, dans l'espace de dix ans, d'après le dénombrement qui fut publié plus tard, plus de quatre-vingt-dix établissements avaient été fondés, desservis par plus de cinq cents religieuses (2).

---

(1) Mgr Besson : *Vie du Cardinal Mathieu*, T. 1, p. 365.
(2) *Elenco delle case religiose idelle Suore della Canta*. Napoli, 1836.

Nous voudrions pouvoir citer quelques-uns de ces établissements, mais l'émunération en serait trop longue. Rappelons seulement qu'ils furent institués à Naples même et dans tout le royaume, à Rome et dans les Etats Pontificaux, dans le duché de Modène, en Sardaigne, en Savoie, en Suisse, en France et jusqu'en Algérie. On le voit, le grain de sénevé était devenu un grand arbre couvrant de son ombre bienfaisante toutes les misères humaines (1).

(1) Minimum quidem... et fit arbor,

CHAPITRE V

Nouvelle lettre circulaire. — La Soumission aux Supérieures. — Avénement de Pie IX. — Ce que lui dit une religieuse. — Mgr Mathieu archevêque de Besançon part pour l'Italie. — Il visite Regina Cœli. — Pie IX à Gaëte. — Lettre de mère Boucon à M. Bergier. — Pie IX à Regina Cœli. — Nouvelle lettre à M. Bergier.

Nous avons sous les yeux une nouvelle circulaire adressée à cette époque, 1846, par la Supérieure Générale à toutes les religieuses de la communauté : dans cette lettre, Sœur Geneviève rappelle à ses filles qu'elles doivent s'efforcer de remplir fidèlement tous les devoirs de leur état. Parmi ces devoirs, il en est un qu'elle doit signaler plus spécialement « avant de déposer la charge épineuse qu'elle a remplie pendant vingt ans ». Ce devoir, c'est la soumission aux supérieures, qui constitue l'ordre, la régularité, l'harmonie dans toute maison religieuse.

«... La dépendance bien comprise est le nœud qui resserre tous les cœurs et les maintient dans cette admirable disposition de charité, d'humilité et d'obéissance si agréable à Dieu. Cette vertu sera donc pratiquée parmi Vous, non seulement par les simples religieuses, mais encore par les supérieures locales placées à la tête de nos divers et nombreux établissements. Celles-ci doivent dépendre entièrement des supérieures provinciales respectivement chargées de la surveillance des maisons établies dans leur province.....

«..... Au souvenir de N. S., qui s'est montré obéissant jusqu'à la mort, qui voudrait se soustraire à la sainte dépendance, qui oserait briser le nœud de la charité qui doit exister parmi vous ? Si nos défauts et nos imperfections n'empêchent pas le divin maître de s'unir à nous, les travers que nous pouvons constater chez les autres, ne seront point assez forts pour rompre l'union de cœur et de sentiment que nous voudrons conserver inaltérable au milieu de nous.

« Vous atteindrez ce but, ajoute la Supérieure Générale, si, loin de critiquer vos sœurs, de murmurer contre elles, d'en faire l'objet de vos mordantes conversations, vous savez les excuser, les encourager, les reprendre avec douceur et les traiter avec charité, et, de même que Jésus-Christ supporte et excuse vos fautes, ainsi vous devez supporter et excuser les défauts de vos compagnes et leur rester unies aussi longtemps qu'elles resteront unies à Dieu. Que dis-je ? Ne savez-vous pas que quand, par malheur, une âme se sépare de Dieu par le péché, ce Dieu de bonté ne laisse pas de lui être uni. Tant qu'elle existe sur cette terre, ses yeux paternels ne cessent de la suivre partout; et, tantôt par ses lumières, tantôt par ses miséricordes d'autres fois, par ses bienfaits ou ses châtiments, il ne cesse de l'appeler et de l'inviter à Lui. Ainsi, quand même, à Dieu ne plaise ! vous auriez lieu de remarquer des désordres dans la conduite de quelques sœurs. gardez-vous de rompre aussitôt avec elle ; conservez à son égard la charité fraternelle, et, sans cependant jamais prendre aucune part à ses erreurs, efforcez-vous, s'il est possible, de la ramener au plus tôt à Dieu, en considérant que N.-S. vous a reçues bien souvent dans son cœur, après en être sorties par le péché ; et que, malgré vos offenses, il vous a admises de nouveau aux honneurs de son divin amour, pour vous apprendre à en user de même envers le prochain. »

De ces hautes considérations, sœur Geneviève descend dans tous les détails de la vie pratique et dit que, pour des religieuses, s'irriter pour une parole blessante, un manque d'égard, un léger mépris, serait compromettre, à peu de frais, l'union fraternelle qui fait le charme de la vie de communauté. Elle ajoute encore que si, après l'offense, on se réconciliait par contrainte et répugnance, ou avec dissimulation, ces mauvaises dispositions ne pourraient que semer l'ivraie dans l'Institut et y étouffer le bon grain.

«... Convaincue de ces vérités, continue la supérieure générale, il ne me reste qu'à vous rappeler, très chères sœurs, que l'union nous est d'un grand secours pour faire le bien. Comment, en effet, s'est développé le christianisme ? A qui devons-nous la conversion des infidèles ? N'est-ce pas à la charité des premiers chrétiens ? Tertullien rapporte que les incrédules de son temps résistaient aux discours qui leur étaient adressés et même aux miracles dont ils étaient témoins, mais qu'ils cédaient à l'éloquente persuation de la vertu qui unissait les premiers chrétiens si étroitement qu'ils étaient prêts à mourir les uns pour les autres.

« Quels fruits, quelles bénédictions, ne recueillerez-vous pas si, animées du même esprit, vous travaillez, de concert à votre sanctification et à celle de tant d'âmes qui réclament de votre charité et surtout de vos bons exemples, les secours et l'édification dont elles ont besoin... etc... »

En terminant, mère Boucon appelle sûr ses filles en J.-C., l'abondance des faveurs célestes et les conjure, avec l'apôtre « de rester unies d'esprit et de cœur, de vivre dans la paix, afin que le Dieu d'amour et de paix, soit toujours avec elles. »

Un peu moins de trois mois avant la publication de la lettre circulaire dont nous venons de donner quelques fragments, mourait à Rome le pape Grégoire XVI, après avoir occupé pendant quinze années, le siège apostolique. Ce courageux pontife qui fit face à tous les périls et à toutes les difficultés du moment avec une admirable intrépidité, avait confié, nous l'avons relaté plus haut, à la communauté de *Régina-Cœli*, l'hôpital du Saint-Esprit, le plus grand et le plus magnifique que possède la ville de Rome. Sa munificence ne s'arrêta pas à ce premier acte de bonté. Vers l'an 1840, dans la ville de Brescia, qui dépendait alors du royaume lombard-vénitien, une pieuse dame eut la pensée de fonder une congrégation de sœurs hospitalières qui se voueraient au soin des malades dans les hopitaux et à l'instruction des enfants du peuple. Une fois sa fondation terminée elle demanda à plusieurs reprises l'approbation pontificale qui devait encourager ses essais et consacrer son œuvre. Le pape examina longtemps la question et enfin, le 5 juin de la même année, il envoya à cette charitable dame un bref approbatif, avec la condition que son institut ne *franchirait pas* les frontières de son lieu d'origine, et que ses constitutions seraient *rédigées d'après celles des sœurs de la charité*, appelées récemment à Rome. N'était-ce pas indirectement, rendre hommage aux éminentes qualités de nos sœurs? D'ailleurs les premières lignes du bref apostolique étaient consacrées à faire leur éloge.

A la mort du glorieux pontife, les religieuses de Naples s'acquittèrent d'un devoir de reconnaissance en adressant au Ciel d'ardentes prières pour l'Auguste vieillard qui, dans maintes circonstances, leur avait donné des marques de la sollicitude la plus paternelle.

Pour les sœurs, Pie IX ne fut pas moins attentionné et généreux que son prédécesseur. Il les avait connues et appréciées à Imola (où elles dirigeaient depuis quelque temps un hôpital civil, une école d'enfants pauvres et un pensionnat de demoiselles), et dans cette ville, où il laissait de si doux souvenirs, il fut si bon pour elles que, malgré les multiples occupations de son ministère épiscopal, il voulut être leur confesseur. Aussi quand, en 1846, il partit pour le conclave, la plupart accompagnèrent de leurs larmes les adieux qu'il leur fit. L'une des plus jeunes se hasarda même à lui dire, en pleurant : « Vous ne reviendrez plus, vous serez pape ! ». — « Taisez-vous donc ! lui répondit l'archevêque. » Mais la prophétie, malgré ses protestations, devait se réaliser. Mgr Mastaï fut à peine monté sur le trône pontifical que ses premières pensées furent pour ses sœurs, comme il les appelait, et, quelques jours après son élévation, il voulut répondre aux félicitations qu'elles lui avaient adressées. Il leur écrivit de sa propre main, une lettre qu'elles conservent précieusement dans leur maison-mère à Rome comme un titre de noblesse.

Voici cette lettre : nous nous faisons un plaisir de la reproduire, parce que, en quelques mots simples, mais partis du cœur, elle nous révèle l'affection du grand pape pour les sœurs de la Charité de Naples :

24 juin 1846.

Mes très chères filles en Jésus-Christ, la joie que vous manifestez était naturelle, mais, à vrai dire, l'honneur suprême et immérité que je reçois est accompagné d'un tel fardeau que dans la situation que la Providence me donne, non seulement la joie doit être amoindrie, mais que, pour ma part, elle est complètement inconnue. Le Bon Dieu m'aidera, je l'espère, je le crois. Je bénis vos deux directrices : sœur Eulalie et sœur Dorothée. Je bénis également toutes vos sœurs, chacune d'elles en particulier, ainsi que chacune de vos maisons. Je continuerai à vous assister et à vous consoler par l'intermédiaire de personnes amies.

Priez pour moi plus que jamais.

PIE PP. IX.

Les promesses de cette lettre ne furent jamais oubliées. et à toutes les époques de son long pontificat, Pie IX donna toujours des marques particulières de sollicitude, non seulement aux religieuses d'Imola, mais encore à l'Institut tout entier. Sa visite au religieuses de Naples, pendant son exil à Gaëte, en sera une preuve nouvelle et bien touchante.

Mais n'anticipons pas sur les événements.

Pie IX occupait le siège pontificale depuis un an, quand Mgr Mathieu, archevêque de Besançon fit ses préparatifs pour un voyage en Italie. Le prélat avait à régler, en premier lieu, différentes questions avec la Cour de Rome ; mais, un autre intérêt le portait aussi à accomplir ce voyage : il voulait visiter l'établissement des religieuses de Naples et ses succursales. Ce projet, résolu dès le mois d'avril, s'exécuta au commencement de mai. A son arrivée il fut accueilli par les sœurs comme un père. La supérieure générale lui fit l'honneur de la maison et se mit à sa disposition pour lui en faire connaître tous les détails. L'église, le noviciat, les écoles de *Regina-Cœli*, et celles établies dans les différents quartiers de la ville, l'hôpital des Incurables, etc., furent visités tour à tour par sa Grandeur qui voulut se rendre compte de l'installation de cette colonie florissante des sœurs de la Charité de Besançon.

Le côté matériel de l'Institut intéressait sans doute l'Auguste prélat qui observait tout avec une religieuse attention. Mais l'esprit de la communauté, le dévouement des religieuses, la direction imprimée aux établissements scolaires, le recrutement et les bonnes dispositions du personnel l'intéressait bien davantage. Il le fit comprendre à la supérieure; et celle-ci répondit à toutes les questions qui lui furent adressées, avec la modestie et la réserve d'une personne d'un grand jugement et d'une expérience consommée.

Mgr Mathieu, étonné de l'état prospère de *Regina-Cœli* et ravi des succès obtenus en Italie par des religieuses dont les directrices, pour la plupart, avaient été formées à l'école de mère Thouret, félicita la supérieure générale et, en termes élogieux, lui exprima toute la satisfaction qu'il éprouvait en voyant l'œuvre de la fondatrice se continuer avec tant de sagesse, d'abnégation et de zèle.

Dans cette entrevue, la question du rapprochement des deux maisons fut incontestablement agitée de nouveau.

Ce rapprochement préoccupait mère Boucon qui déjà, à plusieurs reprises, avait sollicité cette faveur. Mais de nouvelles tempêtes allaient assaillir le vaisseau de l'Eglise, et durant son séjour à Rome, l'archevêque de Besançon dont la sagacité avait su démêler, dans les vivats qui retentissaient autour du nouveau pape, les premiers cris de révolte et de sédition, ne vit pas le moment favorable pour réaliser cette union.

Pie IX avait inauguré son règne par les mesures les plus généreuses. Mais plus il accordait, plus les sectaires se montraient exigeants, et, tout en prodiguant extérieurement au pontife des témoignages de respect et de reconnaissance, ils ne songeaient qu'à détruire son pouvoir temporel et à le renverser.

La révolution qui éclata en France, le 24 février 1848, précipita les événements en Italie et ceux qui naguère acclamaient le pape, le forcèrent à fuir jusqu'à Gaëte où il reçut une généreuse et royale hospitalité de la part de Ferdinand II roi de Naples.

Au commencement de l'année 1849, sœur Geneviève avait reçu de Besançon quelques détails sur les événements qui venaient de s'accomplir en France. Elle répondit aussitôt à M. Bergier, vicaire général et supérieur des sœurs de la Charité, pour lui signaler quelques-unes des ruines causées par la persécution en Italie. On se croirait en France en 1904! C'est toujours le même but que la haine des impies s'efforce d'atteindre : expulser les religieux et les religieuses pour enlever au peuple tout sentiment.

Dans cette lettre, datée du 15 mars, mère Geneviève Boucon s'exprime en ses termes :

« ...Nous avons passé de bien tristes moments, mais, grâce à Dieu, aucun établissement n'a été dissout à Naples, où l'anarchie n'a pu dominer. Il n'en n'a pas été de même dans les Etats Romains. Depuis quelque temps déjà, nos sœurs qui étaient dans la ville de Sinigaglia, patrie du Saint-Père, ont dû abandonner leur poste chéri, et nous venons d'apprendre que nos chères sœurs de Rome ont été forcées de quitter l'hôpital de *Santo-Spirito*, après avoir essuyé mille mauvais traitements de la part des ennemis de la religion et du bien public. Cela est bien affligeant, mais si l'on pense que notre divin maître a daigné nous faire boire à son calice, on est surabondamment consolé.

« Jusqu'à présent les religieuses du Piémont et du duché de Modène n'ont pas eu trop à souffrir, car elles se sont dévouées entièrement aux soins des blessés ; ce qui leur a conservé la confiance du public. Nous espérons que la protection divine fera le reste jusqu'à la fin de la crise.

« Nos chères sœurs de Savoie sont, comme partout, dans une situation de crainte et d'incertitude bien affligeante. Cependant, nous devons déclarer à la gloire de notre Père céleste que jusqu'à ce jour nous avons déjà compté bien des prodiges et c'est ce qui augmente notre confiance et notre courage.

« ...Malgré tout ce que je viens de vous tracer, nous avons bien des actions de grâce à rendre à Dieu au sujet de notre communauté de Naples. Tous les vrais chrétiens regardent le Saint-Père, réfugié à Gaëte, comme l'ange libérateur des fléaux qui menacent l'Univers, et ont la douce confiance que Dieu épargnera le royaume fortuné qui a donné l'hospitalité au vicaire de Jésus-Christ. »

A la fin de sa lettre la Supérieure générale fait connaître que deux de ses sœurs sont allées rendre de sa part une visite à Pie IX pour lui présenter ses hommages et ceux de l'institut. Elle espérait avoir la consolation de se présenter elle-même à Sa Sainteté, mais, retenue par des douleurs rhumatismales, elle n'a pas voulu retarder davantage l'accomplissement d'un devoir si cher et si précieux. « Je fis partir ces deux religieuses pour Gaëte, ajoute-t-elle, accompagnées de M. le chanoine Celestino, directeur de la Communauté. Je ne puis vous exprimer avec quelle bonté Sa Sainteté les a accueillies, leur donnant à baiser le pied et la main et les rendant dépositaires d'une bénédiction spéciale pous nous, et d'une autre pour tous les membres de l'Institut, après les avoir entretenues une bonne demi-heure... » (1)

(1) Archives de la Communauté de Besançon.

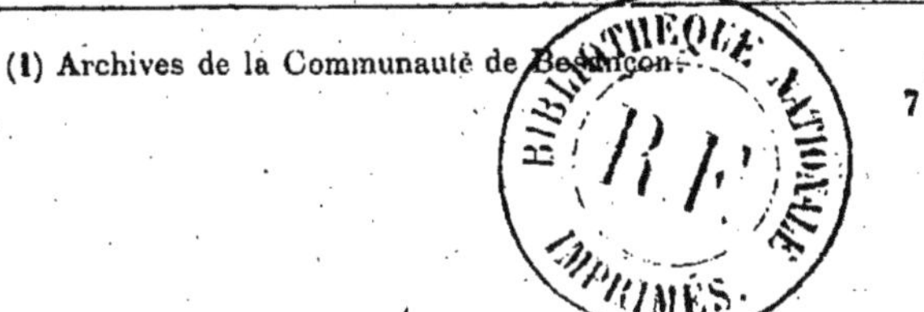

Quelques mois après, le Souverain Pontife désira visiter à son tour les sœurs de *Regina-Cœli*. Il savait qu'elles avaient à Naples un hôpital de huit cents malades, un pensionnat de jeunes filles de l'aristocratie napolitaine, une école gratuite de deux cents enfants du peuple et il voulut leur porter ses meilleures bénédictions.

M. Calhiat, dans la vie de mère Thouret, nous avertit qu'il a été assez heureux pour trouver quelques détails sur cette visite, laissons donc M. le chanoine nous en rappeler les principaux :

« C'était dans l'après-midi du 27 septembre 1849. Pie IX, suivi de sa cour et de celle du roi, se rendit en carosse au couvent, où mère Boucon avait tout préparé pour le recevoir dignement. A son arrivée, sur le seuil de l'église, il fut salué par le chant triomphal d'un *Ecce Sacerdos Magnus*, composé tout exprès pour la circonstance par le célèbre Mercadante, directeur du Conservatoire royal de musique à Naples. Il vint d'abord s'agenouiller au pied du maître-autel, adora le saint sacrement exposé, et reçut la bénédiction donnée par Mgr Acciardi, évêque d'Anglona-Tursi, et puis pénétra dans le monastère, où il rencontra sur ses pas, réunies pour le fêter, la Supérieure générale, les religieuses et les pensionnaires de la maison.

« Tandis qu'il marchait dans le cloître, douze fillettes, vêtues de blanc et couronnées de lys et de roses, répandaient sur son passage des fleurs et des plantes odoriférantes. On aurait dit une phalange de jeunes séraphins venus du ciel pour accueillir dans le temple de la charité le vicaire du Christ, proscrit et persécuté. Après s'être rafraîchi dans un petit salon où on lui avait préparé un modeste *rinfresco*, suivant l'usage italien, il se dirigea vers la grande salle du réfectoire où l'attendait un magnifique trône orné de belles tentures et surmonté de trois bustes représentant Sa Sainteté, le Roi et la Reine.

« En s'y rendant, il rencontra, bénit et complimenta Mercadante à qui il donna sa main à baiser, et alla s'asseoir sur le trône. Là, il écouta avec plaisir un chœur chanté par les jeunes filles et accompagné d'instruments à cordes, tels que harpes, pianos, violons et violoncelles, et puis trois poésies composées par le professeur de littérature de la maison et récitées par trois jeunes élèves du pensionnat.

« Puis vint un second chœur, dû, comme le premier au talent du maëstro qui était là, mais si beau que le doux pontife en parut profondément ému. Aussi, c'est les larmes aux yeux qu'il remercia les sœurs et les enfants de leur touchante réception. Il leur adressa, avec cette pénétrante onction qui caractérisait sa parole vibrante, une chaleureuse allocution dans laquelle il fit le plus grand éloge de ces vierges de Dieu qui consacrent leur vie au soulagement des malades, à la consolation des pauvres, à l'assistance des orphelins, à l'éducation des enfants, et termina son discours qui ne parut que trop court, par quelques conseils paternels à l'adresse des élèves. Il leur recommanda surtout l'obéissance et commenta pour elles, avec un à propos merveilleux, cette parole du Sauveur : « 'Enseignez-moi, seigneur, à faire votre volonté parce que vous êtes mon Dieu. »

« Après cela, il donna sa bénédiction à l'assemblée recueillie et agenouillée, et admit au baisement de son pied, tous ceux qui la composaient : les sœurs conduites par la mère Boucon, les pensionnaires précédées de leurs maîtresses, les novices, les postulantes, les professeurs, les médecins, les serviteurs et les servantes de la communauté.

« Il accepta gracieusement le don qui lui fut fait d'un tapis, et de deux coussins brodés en or, et d'un portefeuille orné de ses armoiries. Puis, il voulut visiter le couvent, les salles, le pensionnat, les écoles, admira en passant les travaux des élèves et s'en alla en accordant aux sœurs fières de l'avoir reçu les plus amples bénédictions.

« Il était a peu près déjà l'heure de l'*Ave Maria* quand, avec sa cour, il prenait la route du palais royal de Portici (1).

« Ce jour là, il avait fait beaucoup d'heureuses et lui-même partait heureux ou du moins consolé du bonheur qu'il avait donné en passant. »

---

(1) En souvenir de la visite de Pie IX, sœur Geneviève fit placer une belle inscription lapidaire contre l'un des murs du chœur des religieuses à *Regina Cœli*.

Sœur Geneviève se fit l'écho du bonheur de tous en rappelant fréquemment dans ses lettres l'attention délicate et l'excessive bonté du Saint-Père. Le 4 janvier 1851, elle écrivait encore à M. Bergier, vicaire général à Besançon :

«... Vous avez appris sans doute que, durant son séjour à Naples, sa Sainteté, Pie IX, a daigné nous honorer de sa visite et qu'il a extrêmement agréé les efforts que nous avons faits pour le recevoir le moins indignement possible. Dieu, d'ailleurs, a si bien béni notre bonne volonté que tout s'est passé à la satisfaction et à l'édification générale. Sa Sainteté, en nous quittant, voulut nous laisser pour souvenir une indulgence plénière que nous pouvons gagner au jour anniversaire de sa visite, le 27 septembre de chaque année. »

Son exil terminé, Pie IX rentra à Rome, grâce à la protection de la France, et, dès son retour il fut de nouveau plein de bonté pour les sœurs de la Charité. C'est ainsi qu'en 1851, nous le voyons appeler la supérieure générale et lui ordonner de porter son noviciat dans la ville sainte, et de le fixer dans une maison qu'il leur donna à côté de l'hôpital *Saint-Esprit*. Plus tard, en 1862, le noviciat sera transféré près de l'église de la *Bocca della verita*, dans une belle et vaste maison entourée d'un parc.

CHAPITRE VI

La visite de Pie IX a réconforté l'établissement pendant la période des troubles. — L'épreuve donne un nouvel essor au zèle. — Mgr Mathieu est cardinal. — Lettre de mère Boucon à Son Eminence. — Nouvelle lettre à M. Bergier.

Cette touchante sollicitude de Pie IX fut à cette époque un puissant réconfort pour l'établissement de *Regina-Cœli*. Il avait été fortement éprouvé par la Révolution et des vides nombreux s'étaient produits dans les rangs de ses membres. « Si plusieurs religieuses, écrivait la supérieure générale, ont échappé aux balles et aux boulets qui sifflaient autour d'elles, toutes n'ont pas échappées aux fatigues excessives de leur ministère, ni aux frayeurs que leur inspira le soulèvement des masses » (1). La santé d'un grand nombre avait été gravement atteinte et, dans l'espace de deux ans, soixante-huit religieuses furent couchées dans la tombe.

Au milieu de ces désastres, sœur Boucon garde son sang-froid habituel, et, toujours résignée à la volonté suprême, s'efforce de réparer les ruines accumulées par la tourmente révolutionnaire. En 1850, elle fonde de nombreux établissements dans les royaumes de Naples et de Sardaigne, et

(1) Lettre à M. Bergier, 4 janvier 1851.

dans les Etats pontificaux « où l'Institut prospère et se répand comme à Naples. La Savoie et le Piémont ne sont pas encore pacifiés ; cependant, malgré l'indifférence qui y règne encore, nous n'y avons perdu, dit la supérieure, aucune maison Aussi, comptons-nous aujourd'hui plus de mille sujets depuis ces dernières contrées jusqu'à Naples » (1).

On le voit, l'épreuve avait donné un nouvel essor au zèle et au dévouement des sœurs de la charité de Regina-Cœli. On les appelait partout, et partout elles se signalaient par leur bienveillance et la grandeur des services rendus. Sous l'habile direction de la supérieure générale, l'Institut prit une plus grande extension et, jusque dans les pays les plus déshérités, fit sentir sa douce et salutaire influence. Mère Geneviève bénissait Dieu de ces heureux résultats et encourageait ses chères filles à se dévouer entièrement au service des pauvres et des malades.

L'empressement des religieuses à entrer dans les vues de leur digne supérieure, lui apporta, après les jours angoissés de l'épreuve, les plus douces consolations. Dans un désir bien légitime, comme aussi par déférence envers l'autorité, elle voulut faire part de ses consolations à ses supérieurs et les instruire des bonnes dispositions et

(1) Lettre du 4 janvier 1851 à M. Bergier.

des brillants succès des membres de sa communauté.

Ayant appris que Mgr l'archevêque de Besançon était venu, à l'occasion de la rentrée de Pie IX, à Rome, déposer à ses pieds ses félicitations et ses hommages (1), elle exprima à M. Bergier le regret que lui causa le départ du prélat sans avoir reçu sa visite. « On nous avait assuré, dit-elle, que Monseigneur viendrait à Naples avant de retourner en France et je comptais profiter de cette heureuse circonstance pour répondre à votre dernière lettre.... On nous assure de nouveau que sous peu Sa Grandeur doit revenir à Rome et nous honorer de sa visite, mais cette douce espérance ne s'est pas encore réalisée » (2).

De fait, l'archevêque de Besançon devait retourner à Rome peu de temps après son dernier voyage. Le moment était venu où le dévouement de Mgr Mathieu au Saint-Siège et les services signalés qu'il avait rendus à l'église allaient être honorés par la haute dignité ecclésiastique à laquelle les vœux de Rome et de la France l'appelaient depuis longtemps.

Le nouveau cardinal fut préconisé, avec son vénérable collègue, Mgr Gousset, archevêque de

---

(1) Dans ce voyage (1850), Monseigneur offrit au Saint-Père, au nom du diocèse, un superbe ostensoir, précieux témoignage de piété filiale.

(2) Même lettre que plus haut.

Reims, dans le Consistoire du 30 septembre 1850. Les multiples occupations de son ministère, le décret qui constituait le Sénat et qui appelait les cardinaux à siéger dans le premier corps de l'Etat, ne lui permirent pas de faire immédiatement un nouveau voyage à Rome. Il témoigna cependant le désir de s'y rendre aussitôt que possible pour y recevoir le chapeau et s'informa quand aurait lieu le prochain consistoire. Le Pape, touché de son empressement, l'invita par un bref, en date du 8 février 1852, à se rendre à Rome pour le mois de mars.

Pie IX accueillit l'archevêque de Besançon avec les plus affectueux témoignages de considération. Il le reçut trois fois en audience privée et le combla de présents.

Dans la soirée du 16, commencèrent les réceptions officielles du nouveau cardinal. Tout le sacré collège, toute la noblesse romaine, les officiers de l'armée française, le haut personnel des ambassades, en un mot l'élite de la société chrétienne, se pressèrent pendant trois jours dans les salons de l'ambassadeur de France (1) près le Saint-Siège, pour y jouir d'une fête qui toujours a compté parmi les beaux spectacles de la ville éternelle.

La promotion de Monseigneur n'avait été

(1) L'ambassadeur de France avait mis son palais à la disposition de l'archevêque de Besançon.

connue que tardivement sans doute à Regina-Cœli ; et au milieu des événements qui se précipitaient en France et en Italie, sœur Geneviève n'avait pas encore rencontré l'occasion favorable pour présenter à son Eminence ses respectueux hommages. Mais, à son départ pour l'Italie, l'archevêque de Besançon reçut de M. Bergier, pour les religieuses de Naples, une lettre qui leur marquait les nouveaux honneurs que Rome lui réservait. Sur le champ, la supérieure générale se fit un devoir d'adresser à son Eminence la lettre suivante :

Eminence,

Je manquerais au plus important de mes devoirs, si je ne profitais pas de son court séjour à Rome, pour adresser à son Eminence quelques mots en témoignage du profond et respectueux attachement que l'Institut des sœurs de la Charité de Naples professe pour le très digne prélat qui protège et dirige avec tant de sollicitude l'établissement des sœurs de la Charité de Besançon. Il est donc de toute justice que nous venions toutes ensemble lui offrir nos félicitations, et que, prosternées à ses pieds, nous lui présentions nos respectueux et très humbles hommages, en implorant sa pontificale bénédiction que nous recevrons comme une marque d'accueil et de dilection.

J'ai l'honneur d'être de Votre Eminence, sa très humble et très obéissante servante.

Sœur Gen. Boucon,
Supérieure des Sœurs de la Charité.

Naples, 15 mars 1852.

En même temps, la supérieure répondait à M. Bergier et lui exprimait sa vive gratitude pour la lettre qu'il lui avait fait tenir par l'archevêque de Besançon, « appelé à Rome, écrit-elle, pour y recevoir de nouveaux honneurs, dont un glorieux reflet est arrivé jusqu'à nous, et comme compatriotes, et comme lui appartenant, par une parenté spirituelle dont nous nous réclamons ».

On remarquera dans le début de cette lettre la délicatesse des sentiments de la sœur Geneviève, malgré de longues années passées hors de la Franche Comté, elle n'a pas oublié son pays qu'elle n'a quitté que pour obéir à ses supérieurs et se dévouer au service des pauvres.

Pareillement encore, quoiqu'elle ait, à différentes reprises, mais sans succès, sollicité le rapprochement des deux maisons, la bonne mère veut rester attachée à la communauté de Besançon par les liens étroits d'une parenté spirituelle que l'éloignement et des difficultés sans cesse renouvelées, ne pourront jamais briser.

La suite de cette lettre n'est pas moins admirable.

«... Nous regrettons infiniment, Monsieur le Vicaire général, que votre âge et votre faible santé ou plutôt votre attachement à votre cher troupeau, nous aient privées du plaisir de connaître personnellement le digne pasteur qui dirige avec tant de zèle et de charité une communauté que nous considérons comme une chère et tendre sœur. et dont nous partageons les vicissitudes et les consolations avec le plus vif intérêt. Combien de fois, dans ces jours de troubles et d'horreur qui ont désolé dernièrement notre pauvre France, ma pensée ne s'est-elle pas portée vers le berceau chéri qui m'a vu naître à la religion et pour lequel je ne cesse de former des vœux de prospérité et d'accroissement ! Et que mon cœur a été consolé en apprenant le retour du calme et de la sécurité dans notre chère Patrie ! »

Elle s'inquiète ensuite des malades et des religieuses sorties de ce monde et fait prier pour elles. A Naples, pour les années 1850 et 1851, la communauté a eu à regretter la mort de trente-trois sœurs.

«... A l'égard de la religion, et des choses politiques, ajoute-t-elle encore, nous pouvons dire que nous sommes dans l'Eden de l'univers. Depuis quelque temps, il s'est manifesté une telle émulation pour le bien que, tous les jours, on nous demande des sujets pour former de nouveaux établissements. Sa majesté le Roi et sa majesté la Reine de Naples sont tout dévoués à notre Institut, et nous ont confié plusieurs maisons de bienfaisance qu'ils viennent de fonder. En un mot, si nous avions un plus grand nombre de sujets nous pourrions créer beaucoup d'établissements nouveaux. Il y a quelques années, mes sœurs ont été appelées à la direction de la prison des femmes de Naples; or, elles ont montré, dans ce poste, tant de zèle et de charité que la maison fait l'admiration de tous les gens honnêtes. »

En terminant sa lettre, la supérieure avertit M. Bergier qu'un noviciat vient d'être établi à Rome sur la demande du Souverain Pontife :

« Vous aurez appris sans doute que notre Saint-Père, de retour à Rome, s'est de suite ressouvenu de nous et a fait prendre aussitôt les dispositions nécessaires pour la fondation d'un noviciat, dont on a fait l'ouverture le jour de la fête de St-Michel archange, avec la plus grande solennité. C'est Mgr le cardinal-vicaire qui a présidé cette touchante cérémonie ; et son Eminence s'est réservée le soin d'examiner les aspirantes et les novices qui désirent faire profession et qui déjà sont employées dans les trente établissements de la ville.

« Cependant, il ne faut pas croire que le céleste Epoux nous laisse sans nous faire boire de temps en temps à son calice amer. Les maladies, les épreuves de toute sorte, etc., ne laissent pas de venir souvent nous visiter ; mais c'est une marque que Dieu nous aime ; puisqu'il nous veut au pied de la croix (1).....»

(1) Lettre du 14 mars 1852, archives de la Communauté de Besançon.

CHAPITRE VII

Les grandes dévotions de mère Boucon : Le Crucifix, l'Eucharistie, la Ste-Vierge. — Souvenir de Notre-Dame de Solborde. — Son Humilité. — Sa modestie pendant la visite de Pie IX. — Sa charité pour les pauvres et les malheureux. — Secours aux prêtres indigents. — Sa prudence pour le choix des novices. — Soins aux religieuses malades. — Sa fermeté pour la règle.

Pendant les dix dernières années de sa vie elle fonda encore plus de 100 établissements de tous côtés, comprenant plus de 500 sœurs.

En 1826, la sœur Geneviève fut appelée, par la Providence, à succéder à la Supérieure générale, et, tous les cinq ans, jusqu'à sa mort qui ne devait arriver que trente ans après, elle fut réélue par ses sœurs qui ne se lassaient ni de l'aimer, ni de la servir. Mais aussi, elle leur rappelait si bien la Mère qu'elles avaient perdue. Elle était si pieuse, si bonne et si douce ! Elle savait si bien faire aimer le bon Dieu !

Ses grandes dévotions étaient le Crucifix, l'Eucharistie et la Sainte-Vierge.

Le crucifix ! c'est l'abrégé de la doctrine chrétienne. « Je n'ai pas jugé, dit saint Paul, savoir parmi vous, autre chose que Jésus-Christ et Jésus-Christ *crucifié*. » Ainsi le grand apôtre reconnait ne savoir qu'une chose : Jésus crucifié ; et, en sachant cela, il prétend bien ne rien ignorer de la religion de son Maître et Seigneur.

La Sœur Geneviève possédait aussi à un haut degré la science du crucifix. En contemplant la victime agonisante clouée au bois de la croix, elle voyait se dérouler devant elle toutes les scènes de la Passion ; et, en même temps, elle adorait les desseins mystérieux d'un Dieu infiniment juste et infiniment bon. Infiniment juste, puisque, malgré sa bonté, il a exigé une réparation infinie du péché en son Fils incarné ; infiniment bon, puisque, malgré sa justice, il a trouvé le secret de combler l'abîme creusé par le péché entre lui et l'humanité coupable. Le crucifix lui rappelait tout cela, car, pour elle, tout cela était écrit en caractère de sang dans ce livre déployé sous ses yeux, et dont chaque trait est une lumière, chaque ligne une révélation, et chaque page une vision de Dieu et de l'éternité.

Aussi on la voyait souvent, dans un élan d'amour, baiser la croix qui pendait à sa ceinture. On l'entendait fréquemment, alors qu'elle se croyait seule, pousser des oraisons joculatoires comme celles-ci : « O mon bon Jésus ! O mon doux Sauveur ! Que vous êtes aimable ! Faites, s'il vous plaît, que je vous aime de plus en plus ! »

Si le Sauveur en croix est le centre du culte sensible et extérieure, le Sauveur dans la divine hostie, est l'âme du culte intime et immatériel. Le chrétien professe sa foi par le signe de la croix ; il l'entretient par l'Eucharistie. Le crucifix est l'arme dont il se sert pour terrasser ses ennemis, mais c'est le pain eucharistique qui donne la vigueur à son bras.

Cette force, nécessaire à tout chrétien, la bonne sœur allait la demander chaque matin à Notre-Seigneur qui, au saint sacrifice de la messe, se fait notre interprète et présente à Dieu, nos humbles supplications. Et elle savait que quand le Père céleste voit sur l'autel son Fils bien-aimé qui l'adore, qui le loue, qui expie, qui le conjure pour nous, il reçoit ses hommages avec une jubilation infinie et exauce à l'instant les désirs de ce divin suppliant. Cette pensée la ramenait chaque jour, fervente et recueillie, au pied de l'autel où Jésus s'immole.

Le soir elle se faisait de nouveau une douce obligation de visiter Jésus-Christ dans son temple. Et là, en présence du roi des anges, elle était pénétrée de si pieux sentiments que plusieurs fois, sans doute, il lui arriva comme à saint Alphonse de Liguori, de se lever soudainement, de tendre les bras vers le tabernacle et de s'écrier : Le voilà ! venez voir comme il est beau ; aimez-le de tout votre cœur !

Mais c'est surtout à la sainte communion qu'elle demandait la vertu qui soutient le courage, console dans les tristesses de l'exil et perfectionne dans l'amour divin au moment ou St Vincent de Paul fondait l'ordre des filles de la Charité, quelqu'un lui objectait « qu'elles courraient plus de périls que toutes religieuses qu'on avait vues jusqu'alors ; » à quoi il répondit : « S'il le faut, elles auront plus de vertu. » Or, disait-il un jour, « la principale vertu d'une Fille de la Charité c'est de bien communier. »

De cette union chaste et féconde, en effet, naissent les bons désirs, les ardeurs du zèle et les œuvres saintes. La sœur Geneviève ne l'ignorait pas et, dans ses oraisons jaculatoires, elle demandait souvent à Notre-Seigneur de l'aimer de plus en plus, afin que le pain des forts devînt son pain quotidien.

Ses désirs furent bénis du ciel ; car, elle obtint de son directeur la faveur de communier tous les jours, et, comme elle ne voulait pas être seule à jouir, dans la communauté, des délices eucharistiques, elle demanda au Souverain Pontife, pour ses sœurs, la permission de pouvoir s'approcher de la table sainte, trois fois par semaine au lieu d'une seule fois, comme la règle l'indiquait. Cette grâce lui fut accordée, et elle reçut même le droit d'autoriser dans son Institut la communion plus fréquente, quand elle le jugerait à propos. C'est dans ces fréquentes communions, que la supérieure Geneviève et ses filles puisaient la force, qui donne à la vierge chrétienne le dévouement pour secourir toutes les misères humaines.

Sa dévotion envers Marie n'était pas moindre. Dans son jeune âge, accompagnée de ses parents, souvent elle s'était agenouillée au pied de la statue miraculeuse de N. D. de Solborde, vénérée au fond de la vallée de son village et où avait lieu avant la Révolution, un grand concours de peuple. L'exemple de ses parents, la ferveur des pèlerins, les grâces nombreuses accordées aux habitants de la contrée, tout s'était réuni pour faire naître dans son âme les sentiments de la plus tendre dévotion envers la T. S. Vierge. Ses premières impressions ne s'effacèrent jamais et devinrent le point de départ de sa confiance sans borne en Marie. Cette confiance, elle eut voulu la faire partager à toutes les personnes de son entourage. A Naples, dans les entretiens familiers et fréquents qu'elle adressait à ses religieuses, elle ne cessait de leur parler de la Vierge Marie et des vertus qu'elle a pratiquées à un si haut degré. Son désir le plus ardent était de les voir simples, pures et douces comme ce modèle parfait de la vierge chrétienne.

Ces pratiques de dévotion entretenaient en elle les vues de foi, les bonnes pensées et les pieux sentiments. Elle voyait Dieu au fond de son cœur aussi bien que dans les splendeurs des cieux et son bonheur était de lui parler, de l'adorer, de le louer et de le remercier. Puis, après avoir écouté, avec un saint recueillement, sa parole intérieure, pour se conformer à son bon plaisir, elle se tenait devant lui dans une perpétuelle dépendance, dans un état de sacrifice et d'holocauste. « Personne de nous, a écrit une de ses compagnes, ne l'a égalée dans l'esprit de recueillement. Dans ses courses à travers la maison, comme dans ses entretiens avec les sœurs ou avec d'autres personnes, on la voyait toujours profondément recueillie et saintement unie à Dieu. »

Elle était aussi la plus humble des religieuses. Souvent on l'entendait répéter qu'elle ne comprenait pas comment la Providence pouvait la maintenir dans une charge aussi élevée et aussi difficile que celle qu'elle occupait, « elle si incapable et si ignorante qui ne savait rien faire de bien ». Ce langage était bien celui d'une sœur qui aime Dieu et met son bonheur à faire remonter vers lui toute gloire, sans lui en ravir un seul iota : parce que rien n'est plus doux à celui qui aime que de voir la gloire de la personne iamée. Mais, en réalité, la sœur Geneviève était admirablement douée et, dans le gouvernement de sa communauté elle fit preuves de qualités supérieures, et surtout d'une sagacité et d'une prudence remarquables.

Malgré ses aptitudes à bien diriger l'établissement qui lui avait été confié, à différentes reprises, elle pria instamment la communauté de lui rendre sa liberté ; elle voulait à tout prix rentrer dans les rangs des simples religieuses pour y travailler plus facilement à sa perfection. Mais, si elle était toujours prête à quitter le poste d'honneur qu'elle occupait depuis longtemps, dès que la volonté divine s'était manifestée, instrument docile et sans prétention, elle s'inclinait respectueusement devant le suffrage unanime de ses religieuses, et reprenait sa tâche, avec tout le dévouement dont elle était capable.

Les nombreux établissements fondés en Italie par la supérieure générale et l'éclat des vertus pratiquées par des personnes qu'elle y envoya, avaient sorti son nom de l'oubli et lui avaient même donné une certaine notoriété. On voulait voir la bonne Mère et lui adresser la parole. Des personnages de distinction vinrent sonner à la porte du couvent dans l'espoir d'être reçus par la digne supérieure. Mais ces visites n'entrèrent pas dans ses vues : elles ne pouvaient que blesser son humilité et lui faire perdre quelque chose de l'esprit de recueillement dont elle était animée. Aussi son désir fut de les éviter dans la mesure du possible, soit en déléguant une des assistantes pour la remplacer, soit en s'excusant aimablement de ne pouvoir se rendre au parloir.

Quand Pie IX, exilé de Rome, vint à Naples, le 27 septembre 1849, il alla visiter Regina Cœli ; mais aussitôt que notre supérieure eut baisé son pied, elle se retira dans un coin du monastère, parce que le Saint Père, avec sa bénignité ordinaire, l'avait appelée par son nom et lui avait adressé quelques paroles d'éloges, qui avaient fait monter la rougeur à son front virginal. Le cortège pontifical fit le tour de la maison, elle ne le suivit pas : elle avait peur sans doute de recueillir en chemin d'autres paroles flatteuses du Souverain Pontife.

Quelquefois, les jeunes élèves du pensionnat lui donnaient des séances académiques dans lesquelles on se plaisait à chanter ses louanges, en prose, en vers, en musique, comme c'est l'usage dans les maisons d'éducation ; et certes elle le méritait bien : elle avait tant fait pour ses chères enfants ! et cependant elle n'assistait qu'avec peine à ces fêtes littéraires. Son humilité n'y trouvait pas son compte, « parce que toute sa gloire était dans le Christ. »

On connaît la réponse de St Augustin à cette question : Quelle est la vertu fondamentale de la Religion ? — « C'est l'humilité », dit-il. Puis il ajoute immédiatement : « Si vous me demandez quelle est la seconde ? quelle est la troisième ? je répondrai toujours : C'est l'humilité. » L'humilité, en effet, c'est la première disposition pour bien remplir tous les devoirs du chrétien. L'âme humble aime Dieu d'un amour souverain, parce que plus elle se sent indigne d'être aimée d'un Dieu si grand et si puissant, plus elle l'aime et s'attache à Lui. L'âme humble n'est pas moins disposée à être charitable envers le prochain et en particulier envers les pauvres qu'elle estime au-dessus d'elle-même, parce qu'ils sont les membres souffrants de Celui qui « considère comme fait à lui-même ce qu'on fait au moindre des siens. »

La mère Geneviève Boucon pratiqua cette vertu avec un dévouement sans égal. Peu de temps après sa mort, une de ses filles, écrivant à une religieuse de son ordre, qui lui demandait quelques détails sur l'ancienne supérieure défunte, a laissé de ses vertus une courte appréciation que le temps, depuis, n'a fait que confirmer. « Quels renseignements, dit elle, puis-je vous donner de notre vénérée et incomparable mère défunte, sinon, qu'elle fut toujours un modèle de toutes les vertus chrétiennes, et particulièrement d'humilité, de prudence, de zèle pour la gloire de Dieu et le salut des âmes. Mais, comme vous ne l'ignorez pas elle s'est surtout distinguée par sa charité envers le prochain. »

On peut dire de la sœur Geneviève qu'elle avait « l'intelligence du pauvre et de l'indigent (1) », parce qu'elle connaissait leurs épreuves et leurs privations. Cette connaissance, elle l'avait acquise de bonne heure, quand à Vesoul, sous la conduite des dames charitables de la ville, elle se mit en rapport fréquent avec eux. Ce n'est pas sans une tendre compassion qu'elle pénètre dans leurs misérables demeures. Ces enfants couverts de haillons ; ces grabats entassés au fond d'une chambre humide ou sur une étroite soupente. Cette mère qui sacrifie une partie de ses nuits pour subvenir à l'entretien du ménage ; cet ouvrier qui, après de longues heures passées sur son métier, rentre le soir harassé de fatigue ; ce vieillard, usé par le travail et par la maladie, qui se croit à charge à

(1) Ps. XL.

ceux qui l'entourent ou qui gémit, seul et délaissé dans un réduit triste et malsain, la vue de toutes ces misères l'a touchée jusqu'aux larmes. Plus tard, attachée à l'hôpital des Incurables, elle ne cesse de verser encore sur les pauvres infirmes les trésors d'un cœur plein de la charité de Jésus-Christ. Et ces sentiments ne font que croître avec les années, car, à mesure que la digne supérieure connaît mieux les souffrances de ses frères, elle éprouve une plus grande consolation à sécher leurs larmes et à soulager leurs douleurs.

La sœur portière parlait un jour en sa présence d'une famille réduite à la dernière misère. Sur e champ la bonne mère, qui n'avait plus qu'une pièce d'or pour toute fortune, la lui donne pour être remise à ces pauvres malheureux, ajoutant que Notre-Seigneur saurait bien pourvoir aux besoins de la communauté. Sa confiance, en effet, ne fut pas longtemps à l'épreuve : le soir du même jour, elle rentrait en possession d'une forte somme d'argent qu'elle croyait perdue.

La sœur Geneviève aimait d'un amour tendre et délicat les pauvres, et son bonheur était de pouvoir les secourir. Plusieurs fois on la vit emprunter de petites sommes pour venir en aide à de jeunes orphelines et soulager des familles besogneuses. Quand elle n'avait pas d'argent à sa disposition, elle recueillait des débris d'étoffe, des morceaux de linge qu'elle pouvait découvrir dans les divers recoins de la maison, les roulaient dans le tablier d'une sœur appelée à l'improviste et immédiatement les faisait parvenir aux personnes qu'elle savait en avoir besoin.

Non seulement sa générosité ne se lassait pas de répondre aux demandes d'argent et de vêtements qui lui étaient adressées, mais secrètement elle faisait parvenir des lits, des matelats, des draps, des oreillers, etc., aux familles pauvres dont elle connaissait l'extrême misère. Tous les jours également elle envoyait à quelques ménages nécessiteux les vivres indispensables pour le repas du soir ou du matin. « Pour tout dire, ajoute une religieuse témoin de quelques-unes des bonnes œuvres de sa supérieure, il faudrait que nos sœurs Sophie et Généreuse revinssent à la vie : elles seules pourraient signaler les abondantes aumônes de leur digne supérieure, qui allait jusqu'à se dépouiller de ses vêtements personnels pour les donner aux pauvres. »

Mais la pauvreté qui lui paraissait la plus auguste était à juste titre celle des ministres de la religion. Elle voyait en eux les oints du Seigneur et quand elle était au courant de leur situation précaire, elle ne se donnait pas de repos qu'elle n'eût procuré quelques secours à ces prêtres indigents.

Chaque année, la digne supérieure recevait gratuitement au pensionnat de Regina Cœli un certain nombre de jeunes personnes dont les parents ne pouvaient acquitter la pension. A d'autres élèves, dans une situation de fortune moins serrée, elle fournissait la nourriture et souvent même les vêtements. Aussi n'était-il pas rare de rencontrer au pensionnat de vingt à trente jeunes personnes ainsi entretenues par la maison. « Ces jeunes filles, disait-elle, enlevées du milieu du monde et gardées à l'ombre du cœur de Jésus, attireront les bienfaits de la Providence et toutes les bénédictions du ciel sur la communauté. »

C'est dans ce même esprit que, tous les ans, à la fin des exercices spirituels qui se donnaient pendant le carême aux élèves des écoles externes, elle vêtait de neuf, cent jeunes filles appartenant à des familles peu aisées.

Ce qui l'encourageait dans l'exercice de toutes ces bonnes œuvres, c'est que le pauvre était à ses yeux un être sacré qui représente J.-C., et à ce titre elle avait pour lui un véritable culte. Si, Notre-Seigneur, comme il est dit dans la vie des serviteurs de Dieu, n'apparut jamais, à la charitable mère générale, couvert des mêmes vêtements qu'elle avait donnés à de pauvres mendiants, du moins elle dut entendre souvent au fond de son cœur le céleste Epoux lui dire avec tendresse : « J'ai eu faim et tu m'as donné à manger ; j'ai eu soif et tu m'as donné à boire ; j'étais étranger et tu m'as logé ; j'étais nu et tu m'as vêtu ; j'étais malade et tu m'as visité.... Car, je te le dis en vérité, toutes les fois que tu as fait ces choses au plus petit de mes frères, c'est à moi même que tu les as faites. »

L'extrême sollicitude de la mère générale était une autre forme de sa charité. Elle en donnait des preuves quotidiennes à ses chères filles en s'inquiétant de leur santé, en prenant part à leurs joies comme à leurs peines et en les encourageant dans les différents emplois qu'elles avaient à remplir. Mais les aspirantes et les novices étaient, de préférence, les filles de sa dilection et de son amour.

Lorsque des postulantes demandaient à entrer dans la communauté, la supérieure se rendait au parloir avec une des assistantes pour s'assurer si ces jeunes personnes étaient dans les conditions requises et avaient les dispositions nécessaires pour devenir de bonnes et ferventes religieuses. Puis, après leur admission, la mère, accompagnée de son assistante ou de la sœur économe, les conduisait elle-même, dans une voiture fermée, au noviciat de la Barra, bourg de la ville de Naples.

La digne supérieure ne se contentait pas de les confier à la maîtresse des novices, « chargée de les former et de les instruire dans la pratique de la perfection chrétienne et religieuse, » son grand bonheur était de revenir souvent au milieu d'elles pour les soutenir et les encourager dans la voie qu'elles avaient prise. Dans ses entretiens, tout en leur faisant envisager la gravité des devoirs qu'elles auraient à remplir comme membre de l'Institut, elle savait aussi attirer leur attention sur l'abondance des mérites réservés aux personnes qui se consacrent au service des pauvres et des malades. Puis, quand ces jeunes personnes sont jugées dignes de prendre le saint habit, la supérieure les appelle à Regina-Cœli où elle continue à travailler leur perfection en les initiant à la pratique de l'oraison mentale, que St Liguori compare à une fournaise ardente où les âmes s'embrasent des flammes du divin amour.

La supérieure générale entourait de sa maternelle sollicitude tous les membres de la communauté. En 1847, deux religieuses devaient partir pour Lecce, capitale de la terre d'Otrante, a plus de trois cents kilomètres de Naples, la bonne mère eut la bonté de rester deux heures environ au vestiaire pour faire préparer le modeste bagage des religieuses et le faire charger sur la voiture qui devait les rendre à destination.

Malgré la pluie qui tomba abondante ce jour-là, la bonne mère ne voulut se retirer que quand tout fut bien disposé et après avoir recommandé chaudement les deux sœurs au conducteur, elle le pria de les faire voyager le plus commodément possible, leur laissant prendre de distance en distance quelques instants d'un repos qui leur était d'autant plus nécessaire que l'une d'elles venait déjà d'accomplir un long et pénible voyage. Cette fâcheuse coincidènce inspirait une vive appréhension à la mère générale toujours si soucieuse de la santé de ses chères filles.

La nomination des religieuses, surtout à certains postes plus difficiles, la préoccupait toujours beaucoup et, à ce sujet, elle ne prenait une décision qu'après avoir mûrement réfléchi.

Sa remplaçante, comme supérieure, à l'hôpital des Incurables, la rencontre un jour dans les couloirs de la maison, le chapelet à la main, suivant son habitude, mais inquiète et tout absorbée dans ses pensées. Elle lui demande si elle se trouve mal et si elle a besoin de quelque chose :

« Non, répond la supérieure ; mais je dois envoyer une sœur à Perme (1) et je ne sais qui désigner pour ce poste difficile. — Ma mère, reprend la religieuse, je m'offre de bon cœur pour cet emploi. »

La supérieure, heureuse de rencontrer un si beau dévouement, n'hésita pas un instant et envoya sa chère fille à la tête de l'établissement nouvellement fondé.

Si les sœurs de la Charité, sous la protection de st Vincent de Paul, doivent se faire une loi, selon l'esprit de leurs saintes règles, d'assister les malades du dehors qui réclament leurs soins, à plus forte raison doivent-elles secourir leurs compagnes malades et infirmes. La sœur Geneviève Boucon n'a pas failli à ce devoir qu'elle a accompli avec le plus généreux empressement.

---

(1) Ville située dans la Province napolitaine de l'Abruzze ultérieure 1er.

Chaque semaine, le vendredi principalement, elle se rendait à l'infirmerie pour visiter les sœurs dont la santé était ébranlée, et, pour s'assurer par elle-même que toutes recevaient les soins qu'exigeait leur état. Dans ces visites intimes, elle voulait encore apporter quelques consolations à ses filles et leur apprendre à sanctifier leurs souffrances. Elle réussit si bien dans cette œuvre que ses paroles, toujours empreintes de douceur et de tendresse, relevaient les courages les plus abattus et disposaient les cœurs à la résignation chrétienne.

Les malades attachent ordinairement un grand prix aux moindres attentions. — Ils sont si heureux de savoir qu'on ne les oublie pas ! — La mère générale, qui n'ignorait pas ce faible des personnes âgées et infirmes, se faisait un bonheur, quand elle pouvait, de ménager à ses chères valétudinaires d'agréables surprises. Un jour, elle ordonnait d'ajouter à leur nourriture ordinaire un mets de choix qui était toujours bien reçu. En été, pendant les grandes chaleurs, elle leur faisait servir de temps à autre quelques doux rafraîchissements. Et c'est ainsi que, par de délicates attentions, la bonne mère donnait journellement à ses filles de nouvelles preuves de bienveillance et de tendresse.

Ces sentiments d'ailleurs étaient bien réciproques. Tous les membres de la communauté aimaient et vénéraient leur supérieure « d'une inexprimable et religieuse affection. » Et ces excellentes dispositions se traduisaient au dehors par la soumission, le respect et la confiance que les sœurs témoignaient en toutes circonstances à la bonne mère.

Le 2 janvier 1853, veille de la Sainte-Geneviève, tout était prêt pour la fête du lendemain. Des tentures, ornées de fleurs variées, couvrent les vieux murs de la salle où les religieuses et les enfants des écoles doivent se réunir pour célébrer ce beau jour ; des guirlandes courent en festons sur les draperies et viennent rehausser encore la décoration ; à l'extrémité de la salle se dresse l'estrade d'où les chères enfants prononceront d'affectueux compliments et feront entendre des chants joyeux et aimés. Mais, contre toutes prévisions humaines, ce jour-là mourut une jeune sœur, âgée seulement de vingt et un ans, mais déjà très appréciée de ses supérieures à cause de ses nombreuses et belles qualités. La mère générale fut si affectée de la perte de cette enfant qu'elle ne put dominer sa douleur ni retenir ses larmes. La communauté, que cette mort avait vivement impressionnée, voulut partager sa peine et le jour de fête se changea en un jour de grand deuil.

Malgré son extrême bonté, la sœur Geneviève montrait cependant, pour l'observation de la règle, une fermeté que, seules, des raisons légitimes et réelles pouvaient fléchir ; car elle n'ignorait pas que toute association, quelle qu'elle soit, est condamnée à disparaître, et à bref délai, si elle ne repose sur de bonnes et solides constitutions, qui en sont comme les fondements et les remparts. La Règle, en effet, n'est-ce pas l'ordre et l'ordre n'est-ce pas la paix, suivant cette belle définition de s[t] Augustin : « La paix est la tranquillité de l'ordre. » C'est encore l'expression de la volonté de Dieu qui a dit : « Observez ma loi, et vous vivrez. »

La mère générale d'ailleurs n'avait pas à insister longuement sur ces principes primordiaux, son exemple était un stimulant assez puissant pour entraîner tous les membres de sa communauté dans la voie du devoir. Si, par son titre de supérieure, elle était au-dessus des religieuses, elle voulait surtout les surpasser par sa ponctualité à accomplir la règle. Et, dans cette conduite irréprochable, elle puisait une force nouvelle pour recommander l'observation intégrale des constitutions.

La fermeté de mère Boucon n'avait d'égale que sa vigilance toujours attentive à écarter tout ce qui pourrait entraver la bonne direction de la maison. Supérieure d'un vaste établissement, elle n'oubliera jamais que Dieu lui demandera compte des âmes qui lui ont été confiées. Et son désir ardent sera toujours de voir ses religieuses, comme le recommande l'apôtre, « se conduire en toute chose d'une manière digne de Dieu. » Pour réaliser cet idéal, dans la mesure du possible, elle aura constamment les yeux ouverts, pour s'assurer si la règle est bien observée et si chacun est à son devoir. Le soir, à l'heure du repos, elle ira même jusqu'à visiter les dortoirs pour se rendre compte que l'ordre règne partout.

L'esquisse qui vient d'être tracée, dans ce chapitre, des mérites de la digne supérieure donne la mesure de son cœur. Ses filles surtout purent en apprécier les qualités durant les longues années de son gouvernement. Rien n'échappait à sa sollicitude. Elle fit magnifiquement restaurer l'église de *Regina Cœli*, et voulut que les cérémonies du culte s'y fissent avec pompe et solennité. Elle dota la maison d'une infirmerie, veilla à ce que la nourriture des religieuses et des élèves fut bonne, saine et fortifiante, et s'abaissa toujours, avec un soin méticuleux, jusqu'aux derniers détails de son administration qu'elle rendit pour tous cordiale et bienveillante.

Aussi, sous sa direction, la Congrégation s'agrandit-elle dans des proportions extraordinaires. Elle possédait, un an avant sa mort, treize cents sœurs répandues dans deux cent vingt-cinq maisons. Dans le seul royaume des Deux-Siciles, on comptait cinquante-six communautés. C'était, on le voit, un état florissant pour un Institut qui n'avait que cinquante cinq ans d'existence.

CHAPITRE VIII

Derniers moments de mère Boucon. — Les derniers sacrements. — Sa mort. — Inhumation dans la chapelle de l'Immaculée-Conception. — Un fait extraordinaire.

Sur la terre tous les bonheurs se paient, même et surtout les bonheurs religieux ? La mère Boucon en est une preuve. Son zèle comme une flamme dévorante, avait consumé ses forces. Elle resta malade et infirme les cinq dernières années de sa vie. Dieu voulait sans doute qu'elle achetât pour son œuvre les faveurs qu'il lui accordait. Mais ses souffrances prolongées et parfois très aigües furent pour *Regina-Cœli* une prédication de tous les jours, car elle supporta son mal avec une patience qu'on ne saurait trop louer.

Ses derniers instants ont été relatés dans une lettre qu'une religieuse de la maison de Naples adressait à la communauté de Besançon quinze jours après le décès de la Supérieure générale. C'est pour nous un devoir de reproduire cette lettre si édifiante :

Naples, le 22 juillet 1856.

Nos très chères Sœurs,

Le plus doux soulagement que l'on puisse éprouver lorsque l'on est dans l'affliction, est de partager ses peines avec les personnes qui nous sont les plus proches et les plus chères. Ce sentiment aussi juste que naturel dirige nos tristes pensées vers vous, N. T. C. S. qui êtes, après notre communauté de Naples et celles qui en dépendent, ce que nous avons de plus cher au monde, puisque votre institut et le nôtre sont deux branches fertiles et vigoureuses qui partent d'un seul et même tronc.

C'est donc pour adoucir la douloureuse plaie de nos cœurs que nous venons vous faire part de la perte irréparable que nous avons faite, de notre bien-aimée et révérende Supérieure générale, sœur Geneviève Boucon, le cinq du courant, à une heure et quart du matin.

Vous n'ignoriez peut-être pas, N. T. C. S., que notre chère et révérende mère souffrait extrêmement depuis assez longtemps et que nous avions épuisé pour la soulager tout ce que l'art et l'affection pouvait suggérer, mais inutilement. Tout à coup, le 27 juin, vers les quatre du soir, sa maladie, qui a été caractérisée de névrose apoplectique, présente des symptômes mortels. L'assaut fut si violent que nous pensions la perdre dans la nuit même. Cependant elle garda toutes ses facultés intellectuelles, et comprit clairement son état, sans en être le moins du monde alarmée.

Elle demanda avec instances les derniers sacrements qu'elle reçut avec les sentiments de la plus grande piété. Mais avant la cérémonie, s'adressant aux sœurs qui, rangées autour d'elle, ne pouvaient retenir leurs larmes, elle leur dit d'une voix encore très assurée : pourquoi ces pleurs ? Laissez-moi m'en aller dans ma patrie ; ne me retenez plus ; il y a si longtemps que je désire partir. Non, non, cette fois vous ne réussirez pas à m'arracher des bras de mon Dieu, comme vous l'avez fait jusqu'ici ». Elle reçut ensuite le Saint-Viatique avec une ferveur angélique. Oh! quelle scène touchante! C'était à la tombée de la nuit, et partout dans le cloître on entendait les sanglots des sœurs et des élèves qui pleuraient amèrement, en pensant au malheur qui allait les frapper.

A peine eût-elle achevée son action de grâces qu'elle voulut nous bénir toutes, aussi bien les absentes que les présentes. « Approchez, nous disait-elle, venez, mes chères enfants, je veux vous donner à toutes le baiser de paix et ma dernière bénédiction. »

Si vous vous fussiez trouvées à cet attendrissant spectacle, vous eussiez vu la vénérable moribonde lever ses mains tremblantes pour nous bénir et nous presser contre son cœur, vous l'eussiez vue, le visage baigné de sueur mortelle, s'efforcer pour nous embrasser et nous faire ses derniers adieux. Et comme l'on craignait de la trop fatiguer : « Non, non, disait-elle, faites venir les autres sœurs ; appelez-les toutes. » Enfin, pour satisfaire la maternelle charité dont elle était animée, elle nous répéta les paroles mémorables de l'apôtre saint Jean, que nous garderons comme un précieux et perpétuel souvenir : « Mes chères enfants, je vous recommande la charité fraternelle, aimez-vous les unes les autres ; la charité ouvre le ciel, la discorde mène à l'enfer. »

Depuis ce moment, elle se concentra toute en Dieu. Sa patience à supporter ses excessives souffrances, la sécurité de son visage et le doux sourire de ses lèvres annonçaient sa prochaine béatitude. Ses aspirations continuelles, ses affectueux baisers au *Crucifix* qu'elle appelait son *amour*, édifiaient tous ceux qui la voyaient, et les pieux ecclésiatiques qui l'assistaient étaient attendris jusqu'aux larmes. Cependant, de temps en temps elle sortait de son recueillement pour bénir ses filles qui venaient en foule des divers établissements, et pour s'occuper encore de son Institut.

Elle dicta même une lettre à sa Sainteté pour le lui recommander et pour demander une dernière bénédiction au Souverain Pontife. Enfin elle envoya ses hommages et les mêmes recommandations au Roi et à la Reine de Naples par une personne de confiance.

Son Eminence, notre digne archevêque, l'ayant honorée de sa visite, ainsi que Mgr le Vicaire général, elle leur parla avec tant d'onction que nous ne pouvions, en l'entendant, retenir nos larmes. Elle remercia, de la manière la plus touchante, son confesseur, les prêtres présents et les médecins de leurs bons offices à son égard. Elle eut encore des attentions particulières pour les sœurs qui la soignaient et elle ne cessait de leur exprimer sa vive reconnaissance. Enfin, après une agonie des plus pénibles qui dura huit jours, lorsqu'elle pouvait dire, comme Jésus-Christ sur la croix : « Tout est accompli », elle s'endormit dans le Seigneur, nous laissant dans la plus grande désolation. Elle était âgée de 76 ans et avait 53 ans de vocation.

Nous nous sommes fait un devoir de lui rendre les honneurs funèbres que méritaient ses éminentes vertus, la place qu'elle a occupée durant trente ans et les services importants qu'elle a rendus à l'Institut.

Pour la transporter à l'église, le cercueil était porté par nos sœurs. Toute la famille religieuse, les élèves et même les personnes de service, le cierge à la main, précédées des respectables ecclésiastiques attachés à la maison, formaient le convoi funèbre qui fit le tour du monastère pour se rendre au lieu désigné. La communauté, réunie autour de sa chère et vénérable défunte, offrait un spectacle aussi imposant que douloureux. Après cette première cérémonie, la dépouille mortelle fut déposée à l'église sous un beau catafalque où elle resta pendant deux jours entiers. Chaque matin, de ces deux jours, une grand'messe fut chantée solennellement, au grand autel, tandis qu'un grand nombre de prêtres célébraient des messes basses aux autels latéraux. A la fin du second jour, les restes précieux de notre bonne mère furent inhumés dans la chapelle de l'Immaculée-Conception, à côté de notre révérende Fondatrice, d'heureuse mémoire.

Voilà, N. T. C. S., ce que le devoir et l'affection nous ont inspiré de vous écrire ; nous sommes persuadées que non seulement vous prendrez part à notre immense douleur, mais que vous accorderez vos suffrages à celle que nous regrettons à si juste titre.

Veuillez recevoir les sentiments de notre sincère cordialité avec lesquels je suis, N. T. C. S.,

Votre très affectionnée,

Sœur Généreuse Caillet.
Présidente.

A ce touchant récit, nous devons ajouter quelques détails complémentaires que nous avons récemment reçus des religieuses d'Italie.

Pendant la dernière maladie de la sœur Geneviève, un autel avait été dressé dans la chambre voisine de la sienne et tous les jours, elle eut le bonheur d'entendre la messe et de recevoir la sainte communion. Elle puisa à cette source féconde, le courage et le pur amour qui lui étaient si nécessaires pour supporter ses souffrances et les sanctifier par une entière résignation au bon plaisir de Dieu.

Avant de recevoir les derniers sacrements, elle voulut demander au Souverain Pontife sa bénédiction apostolique, et elle dicta elle-même la supplique suivante que l'on garde précieusement à la communauté comme un monument, non seulement de son humilité, mais encore de sa tendresse pour l'Institut qu'elle aimait comme la prunelle de ses yeux :

« Très Saint-Père,

« De mon lit de souffrance, placée entre le temps et l'éternité, sur le point de rendre mon dernier tribut à la nature, et pressant sur mon cœur Jésus crucifié, j'adresse mes supplications, pour la dernière fois, à votre Sainteté, au Suprême Pasteur de l'Eglise de Dieu. Prosternée en esprit à vos très saints pieds, j'implore de votre souveraine clémence, la faveur de vouloir bien accueillir dans votre cœur paternel, le cher Institut que, dans l'ardeur de la sainte dilection de Jésus-Christ, je déposai déjà dans ses sacrées plaies. Je l'abandonne maintenant entre les bras de votre brûlante charité, ô très saint Père ; daignez le regarder toujours comme le bien-aimé de votre cœur.

« En dernier lieu, j'implore un pardon entier de tout ce que je me suis rendue coupable devant Dieu et devant Votre Sainteté, durant les trente années de ma charge. J'ai la douce confiance d'obtenir cette grâce de Notre-Seigneur d'abord, ensuite de Votre Sainteté. Je vous supplie de m'en donner un gage assuré par la dernière bénédiction apostolique, que j'implore avant mon départ de l'exil terrestre. »

La réponse à cette touchante supplique ne se fit pas longtemps attendre. Pie IX envoya gracieusement sa bénédiction à la bonne mère qu'il avait entrevue à Naples, et dont il avait gardé le souvenir.

En attendant, celle-ci reçu avec la plus édifiante ferveur le Saint Viatique et l'Extrême-Onction. Pendant que les rites sacrés s'accomplissaient on remarqua qu'elle avait une figure radieuse. On sentait qu'elle était heureuse de voir arriver la mort qui était pour elle une sœur et une libératrice.

Après avoir reçu les derniers sacrements, la chère malade, toujours en pleine connaissance vécu quatre jours encore, mais déjà ne pouvait plus ou presque plus parler. Les religieuses n'en continuaient pas moins à la visiter en foule et toujours elles furent reçues avec une tendresse toute maternelle. L'infirmière qui l'assistait lui nommait doucement à l'oreille les sœurs qui venaient la voir, et la bonne mère ne se lassait de lever ses mains tremblantes pour les bénir.

Quand enfin, le cinq juillet, mère Geneviève Boucon rendit sa belle âme à Dieu, elle avait pour l'assister son confesseur, le chanoine Célestin et le pénitencier M. Gennaro Corno, confesseur de la Communauté.

Sa dépouille mortelle fut inhumée avec grande pompe dans la chapelle de l'Immaculée-Conception à côté de la fondatrice. « Sœur Jeanne-Antide et sœur Geneviève, écrit M. le chanoine Calhiat, étaient comme les deux grands apôtres de la Congrégation nouvelle : elles n'avaient pas été séparées dans la vie ; elles ne pouvaient l'être dans la mort. Elles sont donc couchées comme saint Pierre et saint Paul à Rome, l'une près de l'autre, dans le même sépulcre, sous la même pierre, et sous les yeux de la même madone. Aussi, non loin de l'inscription tumulaire consacrée à la mémoire de la première supérieure générale, on peut lire, de l'autre côté de l'autel, l'épitaphe qui rappelle les mérites de la seconde. »

Voici cette épitaphe telle qu'elle fut composée par un éminent professeur d'éloquence et de littérature, à l'Université Royale de Naples, M. Gennaro Séguino. Nous n'en donnons ici qu'une traduction.

Ici repose — Geneviève Boucon — qui, dès que son âge le lui permit — s'enrola parmi les sœurs de Charité. — Appelée un jour à Naples — elle remplit avec vaillance et sagesse — les fonctions de supérieure générale. — Revêtue plus tard de la dignité suprême — et confirmée pendant 30 ans dans sa charge — elle donna un élan merveilleux — aux œuvres de sa compagnie et un lustre particulier à leur gloire. — Elle déploya une générosité admirable — pour le soulagement des pauvres. — Brûlant d'amour pour la religion — elle ne rechercha ici bas que les richesses célestes. — Elle dort à côté de la vierge courageuse d'immortelle mémoire — qui fut la fondatrice de son ordre — afin qu'après avoir été, pendant la vie, près de son cœur — elle soit, après la mort, près de sa dépouille. — Elle s'est éteinte au 2 des nones de juillet, l'an 1856 — dans sa 83e année (1) — pour voler au bonheur des élus — et ce tombeau garde les cendres — de celle qui fut un type accompli de la femme forte.

En terminant ce modeste travail, sur la seconde supérieure générale des sœurs d'Italie, nous ne voulons retenir de son épitaphe que ces derniers mots : « Elle dort à côté de la vierge courageuse d'immortelle mémoire, qui fut la fondatrice de son ordre, afin qu'après avoir été, pendant la vie,

(1) C'est 76e année qu'il faudrait, nous avons dit que l'auteur avait été mal informé.

près de son cœur, elle soit, après la mort, près de sa dépouille. »

Cette union des deux supérieures, si intime ici-bas, complétée dans le ciel où elles jouissent du même bonheur, sera parfaite quand, sur la terre, nous pourrons leur rendre les mêmes honneurs. Déjà la cause de mère Thouret, portée en cour de Rome, est instruite par la congrégation des Rites ; et les religieuses de Naples et de Besançon sont heureuses de penser que bientôt peut-être la vénérable fondatrice de leur Institut pourra recevoir du Vicaire de Jésus-Christ l'auréole de la sainteté. Mais pourquoi ne serait-il pas permis d'espérer que celle qui a été le bras droit de la première supérieure pendant sa vie, et, après sa mort, le modèle de ses vertus, sera associée à son triomphe? Le souvenir de cette sœur, comme celui de mère Thouret, est gravée dans tous les cœurs et la confiance filiale des religieuses de la charité l'invite, au fond de sa tombe, à montrer par des miracles, le crédit dont elle jouit auprès de Dieu. Déjà même plusieurs personnes croient devoir à son intercession des faveurs signalées et des guérisons inattendues.

Entre autres, le fait suivant, consigné dans les archives de la maison de Naples, mérite d'être signalé.

Le sacristain de l'église Regina-Cœli, Vincent Capparaso, était affecté au cou d'un anthrax *(favo maligno)* qui le fit beaucoup souffrir. La douleur devint si brûlante, le mal si profond et si inquiétant qu'une opération chirurgicale fut jugée nécessaire. Or, dans la nuit qui devait précéder cette opération, la bonne mère Geneviève, décédée depuis quelque temps, apparaît à Vincent et lui demande, d'un ton de reproche, pourquoi il ne se rend pas à l'église pour remplir ses fonctions ? — Mais, ma mère, répondit le sacristain, je ne le puis pas, mon mal s'y oppose ; j'attends, d'ailleurs, les secours du médecin. — Alors, mère Geneviève touchant le cou du malade, reprit : « Mais il n'y a rien, absolument rien, levez-vous et allez faire votre service. » — Vincent était complètement guéri.

Cette guérison a été attestée par Vincent lui-même, par sa sœur Caroline Capparaso et par Gaëtan Peluso qui, après la mort de Vincent, arrivée en 1886, lui succéda dans l'office de sacristain à Regina Cœli.

Et maintenant, loin d'avoir idéalisé cette radieuse figure, nous en avons plutôt amoindri l'éclat. Toutefois, nous en avons dit assez pour faire entrevoir à nos lecteurs que sa vie, toute de sainteté et d'apostolat, fut comme un essor vers les plus hautes cimes : semblable à l'oiseau captif, avide de liberté, qui se meurtrit aux barreaux de sa cage, elle s'épuisait à monter vers Dieu, Saint François de Sales aurait dit : « par un continuel mouvement du cœur, et dans un incessant battement d'ailes. »

NOTICE INTÉRESSANTE
d'Antonio d'Amelio
di Napoli

DELLA VITA
DI
SUORA GENOVEFA BOUCON
SUPERIORA GENERALE DELLE SUORE DELLA CARITA'

COMMENTARIO

del sac. Antonio D'Amelio

Estratto dalla Raccolta Religiosa
di Napoli
La Scienza e La Fede

SUORA GENOVEFA BOUCON

Co' vincoli propri degli uomini, co' vincoli della carità Dio a sè trasse questa donna forte, madre di ben gloriosa figliuolanza, e la menò con sè il cinque luglio dell'anno 1856, quando si fu addormentata in Gesù dopo un lustro di penosa malattia. Le Suore della Carità, cui per trent'anni ebbe saviamente governato, trasmisero agli avvenire con la matita l'esteriori fattezze di lei; or chi ne vieta, che pure nello scritto lasciam della sua vita caritativa un abbozzo?

Giovanna Claudia Boucon (chè tal si chiamò nel secolo Suora Genevefa) nacque da Giovanni Francesco ed Elisabetta Curie agli undici di novembre 1773, in Echenot-la-Meline, poco discosto do Besanzone. Di molta virtù e benestanti furono i suoi genitori; ma l' avita loro fede seppe trar partito da' beni temporali per espandersi in opere di soprafllna carità. Onde la piccola Giovanna potè con giustizia dir di sè, come Giobbe (1), « la misericordia meco crebbe, e con me usci dal seno di mia madre. » La Francia, che raccoglieva a que' di gli amari frutti della volteriana educazione data alla generazion che sorgeva, piangenda lamentava le sue chiese violate, gli altari distrutti, e le ruine che l'ateismo signo-

(1) Cap. XI, v. 4.

reggiante faceva in ogni luogo. Porseguitàvansi i preti, ch' erano rimasti fedeli agl' impegni della loro sacra Ordinazione, e contro i quali Champagneux mandava nel 1791 ordini espressi alla polizia in Lione, per che non si lasciassero star « codeste fiere, tanto più pericolose, che predicano pace nel punto stesso, che il carnefice le sgozza ! » Nessuno mai si ardisse, ordinavasi, ricettare alcuna di queste innocenti vittime, che a più centinaia insieme mandavansi al macello, pena una considerabile somma di denaro ; quando pero non avessero i furibondi repubblicani fatto di quegli uomini ospitali assai piu rio governo. Ma Francesco Boucon nè i suoi beni, nè la vita sua antepose alla carità fraterna, ricovrando nella propia casa quanti potè sacerdoti, prodigiosamente campati dalla spietata carnificina. Sotto gli occhi, ed i buoni esempi di tali illustri Confessori crebbe Giovanna, per loro educata alla religione ed alle civili virtù. Per la qual cosa noi la troviamo nell'anno suo diciassettesimo si riboccante di carità verso il prossimo, che volenterosa si unisce ad una schiera di donne cristiane, le quali in Vesoul, piccola città vicina del suo borgo natale, compiono le parti delle dame ospitaliere, visitando gl' infermi ne' pubblici spedali. Tirocinio fu quello degnissimo di una Superiora Generale delle Suore della Carità ; tanto sono ammirabili le vie della Provvidenza, che governa il mondo !

Ed in fatti, non molto lungi dalla patria della Boucon, un'altra femmina piena di amor pe'suoi simili,

Giovanna Antide Thouret, venina stabilendo in Besanzone l'Ordine relihiosa delle Suore della Carità, sotto il patrocinio di san Vincenzo de Paoli ; differenti dalle Figlie della Carità in cio, che mantengonsi nella dipendenza de'rispettivi Ordinorii diocesani, ed hanno regole in alcune accidentali parti da quelle delle Figlie variate. Si obbligano co' voti semplici di porvertà, di castità, di ubbidienza, e di dedicarsi al servizio spirituale e temporale de'poveri ; pero durante la loro permanenza nella Congregazione. Hanno abiti, che nella foggia e in parte ancor nel colore dagli abiti religiosi delle Figlie si differenziano ; onde in Francia Suore *grige* si appellano (1). Or tra le prime compagne della Thouret non manco Giovanna Claudia nostra, la quale incontrando a' pii suoi desiderii opposizione ne' genitori, dovè pur troppo combattere la sua filial tenerezza, insino a che consentendovi il padre diede nel 1880 il nome suo alla sorgente Congregazione. Quivi nell' anno appresso piglio l'abito religioso ; nel 1805 fece i quattro voti secondo gli ordinamenti del novello Istituto, ed accosto sollecita la sua mano all'aratro, pigliando a diregere una pubblica scuola di fanciulle. Il dono della scelta non si scompagna dalla grazia, che Iddio concede a taluno di esser fondatore di Ordine religioso ; catalchè i primi soci di chi

---

(1) Vedi *Istituto* ossia *Regole e Costituzioni generali della Congregazione delle Figlie di Carità sotto la protezione di s. Vincenzo de Paoli*, Roma 1820.

venne chiamato a stabilire o riformare alcuna di tali comunanze, ne furon sempre luminari e propagatori. Basta ricordare un san Francesco Saverio scelto da sant'Ignazio di Loiola, ed un san Giovanni della Croce eletta da santa Teresa. L'operosissima superiora Thouret incontro una di queste belle anime nella nostra Giovanna. L'educazione de' fanciulli, specialmente del volgo, è senza dubbio penosa ; giacchè chi prende ed ammaestrarli se da un lato prova disgusto per le poche loro disposizioni ad essere istruiti, e per quella indocilità e durezza che soventemente appalesano, è nauseato dall altro per la sordizia de' loro abiti, e per la zotichezza de'modi. Suor Genovefa riusci a vincere queste difficoltà tutte quante ; di che la Thouret ebbe ben presto ad accorgersi di aver in lei la nascente Congregazione acquistato una operosa promovitrice. E veramente seppe a suo tempo valersene.

L'anno 1810 fu il primo, che vide in Napoli nella casa religiosa di *Regina Coeli*, stanza altra volta delle Canonichesse Lateranensi, l'abito di una Suora della Carità ; essendo venuta la stessa Giovanna Thouret a trapiantare in mezzo a noi quest' Ordine. Ma non appena quella Superiora si accorse, che ottimo partito poteva ella cavare per tale nuova fondazione dell' umile e indefessa Boucon, le comando di raggiungerla ; que' due cuori eran fatti per intendersi, e maravigliosamente propagare l' opera di Dio ! Se altri avesse voluto descrivere la vita, che Suora Genovefa visse in communità a Besanzone, potea ripeter l' elogio, che di santa Monica ci lasciò sant' Agostino : « Ella riputavasi la serva de' servi del Signore, e pure chiunque familiarmente la trattasse, lodava molto, ed onorava, ed amava Dio in lei ; giacchè da' soavi frutti della sua santa maniera di vivere, provava ognuno sensibilmente, comme in lei fosse presente il Signore (1)». Ma giunta in Napoli nel 1811, va nell' ospedale degl' Incurabili a servir le donne inferme, nel qual servigio del prossimo è si grande il suo ardore, che le riesce di guadagnare alla vera Chiesa di Gesù Cristo una donzella inferma allora del corpo, ma già nell' anima miseramente perduta nelle mortifere credenze del protestantesimo. Ella provvide a farla catechizzare, ed il giorno in che la convertita potè solennemente abiurare gli errori suoi nella chiesa di *Regina Coeli*, e rientrare nell' ovile di Cristo, fu per Suora Genovefa uno de' più lieti di sua vita. La bontà esuberante del suo cuore legò con tanta forza quello della neofita, che non l'ha costei mai più abbandonata, fino a piangerne ora, come tenera figliuola, la morte. Ma ella pose ogni suo piacere in giovare gli afflitti, mentre che sollècita praticava la cristiana umiltà.

Una dichiarata differenza della carità e della filantropia è riposta propriament in ciò, che la cari-

(1) « Erat etiam serva servorum tuorum. Quisquis eorum noverat eam, multum in ea laudabat et honorabat et diligebat Te, quia sentiebat praesentiam tuam in corde ejus, sanctae conversationi fructibus testibus » , *Confess*. I. IX, c. IX, n. 22.

tà soltanto non è mai dall' umiltà scompagnata, e noi tanto più amiamo il prossimo per Dio, quanto meno apprezziamo noi stessi. Queste massime guidarono la Boucon in tutta sua vita, e però fuggì sempre ogni uffizio, che le desse primeggiar tra le Snore; anzi quando le fu forza sobbarcarvisi, si tenne come l'ultima della Communità. Allorchè la Superiora Thouret fecela maestra delle novizie, e poi sua Vicaria nel governo dell'Ordine, bisognò, per costringervela, che le dicesse: « Passami sul dorso, e schiacciami, se ancore vuoi apporti ». Governando come maestra le novizze, ella scelse per sè i servigi più abietti e faticosi, siccome lo spazzarre la casa, ed alle sue alunne lasciò sempre le cure meno spregevoli ed onorate; andando così loro innanzi coll' esempio, mentre le precedeva per l'uffizio. E sì che le amava tutte come figliuole, le ammaestrava nella via dello spirito, accendeva in que' giovani cuori il fuoco dell' evangelica carità, ed anche maternamente, quando ve ne fosse d' uopo, de' loro difetti le ammoniva. Nel che tanto affetto essa poneva, e tanto persuasiva virtù era nelle sue parole, che letteralmente può a lei adattarsi quella lode, che sant' Agostino dava a sua madre (1): *Nutrierat filios, toties eos parturiens, quoties abs te deviare cernebat.*

Questa virtù di Suora Genovefa splendette vie maggiormente, allorchè nel 1826, tranferita la Superiora Thouret a' godimenti del cielo, quella Congre-

---

(1) *Confes.* loc. cit.

gazione volse a lei unanimemente lo sguardo, perchè ne pigliasse in mano da Superiora Generale le redini. Quante lagrime non isparse in quel tempo la Boucon, e quante premure non fece, perchè sopra di altra Religiosa cadesse la scelta! Ma poiché a Dio piacque, ch' essa propriamente occupasse quel faticoso e malagevole uffizio, durante i trent' anni, in cui lo tenne, venendavi rieletta ben cenque volte, la sua emile carrità ebbe a spaziare in un campo apertissimo. L' amor per il suo Dio trovo più copiosi mezzi di operare in quell' anima, che si faceva tutta a tutti, affinchè tutti potesse salvare. Notavano in lei le Sorelle uno spirito di orazione e di contemplazione, che le rapiva; vedevano come si struggesse in lagrime contemplando l'immagine del Salvatore morto; ed elleno stesse ebbero spesso a maravigliare per l' affettuosa premura, onde la loro Superiora davasi a meditare la Passione di Gesù, e i Dolori della Vergine. Ripeteva continuo, a mo' di giaculatorie: *O mio buon Gesu! O mio Gesu, quanto siete amabile! Fate, che io vi ami*; ed a sfogar questo amor suo ardentissimo, ottenne di potersi comunicare ogni giorno. Anzi, ammonita per dolce sperienza de' grandi vantaggi, cui avea essa ricavato dalla quotidiana Comunione, volle con ogni suo potere travasare in petto delle sue Sorelle quel fuoco di carità, il quale avea già fatto di lei una vittima gradita al Signor di ogni cosa. Chiese quindi ed ottenne dall' Oracolo del Vaticano la facoltà dapprima di farle accostar tre volte la settimana a ricever Gesù nel Sagramento, là dove una sola volta era ad esse dalle Regole consentito; e di poi di potervele licenziare sempre che bene le fosse paruto.

Questa carità verso Dio resela mortificata negli affetti, e ne' sensi, come a sposa del Redentore si conviene. Ebbe tanto a vile sè medesima, che non solo fuggì le onorificenze con uno studio, che parve singolare, ma seppe altresì soffrire con maravigliosa pazienza le umiliazioni, ed offrir la sinistra guancia a chi percosselc villanamente la destra. Spesso chiedevano, alla porta della Communità, di veder la Superiora Generale personaggi cospicui per natali e per gradi; ma essa scusandosi gentilmente, li lascio per lo più defraudati di loro aspettativa. Fu giorno, in che la Casa religiosa di *Regina Coeli* ebbe la lietissima ventura di accogliere Pio IX pellegrinante sulla terra napolitana; e pure la Boucon gli ebbe appena baciato il piede, che confusa per alcune parole di encomio dettele dal Sommo Pastore, si ritrasse in un riposto sito della Casa, nè si unì al corteo delle altre Suore, le quali accampagnarono il Pontefice visitante quel luogo la prima volta. Talora quel collegio di gentili donzelle, che per opera sopra tutto di lei fu stabilito nella Casa di *Regina Coeli*, volle per onorarla recitare qualche poetico componimento. Ella, che per forza dovette assistervi, confessava arrossendo, che parvele in quel punto di esser con Cristo avanti al tribunale di Pilato. Povera, come il divin suo Maestro, Suora Genovefa ebbe sì caldo affetto a questa virtù, che nè meno l'ombra della ricchezza soffri vedersi dintorno; giungendo fino a rimuover dalla sua cella un' immagine del Crocifisso in argento, inviatale da altissimo personaggio. La gelosa custodia del proprio corpo, anche nel periodo dell' estrema sua infirmità paleso quanto le fosse à cuore la purità e la mondezza della spirito. Alle quali sue virtù se si unisce quello staordinaria conformezza a divini voleri, con che predicava esemplarmente alle sue Figlie la rassegnazione nelle avversità si avrà bel modo d'intendere, perchè co' suoi discorsi tanto balsamo di consolazione spargesse sopra quegli animi talvolta afflitti per le patite contraddizioni.

Molto ella donava a'poveri, perchè molto amava il suo Dio ; e se alcuna fiata vennègli meno il denaro, fu veduta raccogliere qui e colà nella sua cella de' pannilini, e datili a qualche Suora, che li portasse di nascosto sotto il grembiale, mandarli a coloro; che ne pativano difietto. Spesso ancora tolse in prestito qualche somma di denaro, cui spese in limosine, soccorrendo orfanelli, e intere povere famigliole. De'Sacerdoti spécialmente, che venerava come gli Unti del Signore, piglio essa mais sempre specialissima cura ; e se di alcuno conobbe, trovarsi in condizion misera di vita, non diedesi pace fino a che non lo avesse soccorsa. Ma la sua Congregazione fu l' obbietto precipuo di tale cocentissima carità.

Ogni altro concetto non tanto varrebbe, se ci apponiamo, ad esprimere la sollecitudine della nostra

Superiora Generale per le Suore tutte della Carità, quanto quelle poche parole del santo Vescovo d'Ippona, allorchè pianse la morte di sua madre: « Ella ebbe tal pensiere di noi, quasi avesse tutti noi generato, é fu cosi sollecita in servirci, come se ciascum di noi fossele padre (1) ». E veramente a Genovefa Boucon dee moltissimo, anche pe'suoi primordii in Napoli, la Congregazione delle Suore della Carità, perchè sopra di lei la Superiora Thouret fondo in massima parte questo pio edifizio, quando pe'bisogni dell'Ordine recentemente stabilito, dovè viaggiare ed a Roma, ed a Bezanzone. Fu la Boucon, che ridusse la chiesa di *Regina Coeli*, propria dell' Ordine' a quello splendore di culto e di arredi, che tanta divozione desta ogginelle Suore e ne'fedeli, quando vi assistono a sacri riti. La Casa religiosa, che vi è unita, fu da lei mobiliata secondo lo spirito delle Regole, e fornita di acconcia infermeria.

Essa provvide che buono e sano fosse il vitto delle Suore, siccome sodo fu sempre il cibo, onde nutrivalle nello spirito co'precetti, e coll'esempio. Non riposo mai dalla fatica, sempre che fuvvi alcun bisogno spirituale o temporale di qualche Religiosa a soccorrere. Praticamente risolvette Suora Genovefa il problema, se nel governo di numerosa famiglia debba la dolcezza preferirsi al rigore; poichè ne'trent'anni che resse da Superiora Generale l'Or-

(1) « Nobis.... ita curam gessit, quasi omnes genuisset; ita servivit. quasi ab omnibus genita fuisset »; *Confes*. loc. cit.

dine delle Suore della Carità, mostro come soavemente, ma non senza giustizia, possano indirizzarsi gli animi alla virtù cristiana, e farne loro gustare le dolcezze. Nè quindi è da maravigliare vedando la rapida diffusione di codeste onorande Suore ne'Regni d'Italia, n'Cantoni Svizzeri, nella Francia ed in alcuni possedimenti francesi in Africa; dimaniera che sullo scorcio dell'anno passato contavansi milletrecento Religiose sparse in duecento venticinque Case (1). Nel solo reame delle Due Sicilie se ne noverano cinquantasei. Frutto è questo per verità di quella virtù fecondatrice, cho sta inchiusa nel granello dell'umiltà cristiana, la quale avvivata dalla carità, opera prodigi di stabilità e di potenza. Ma e' non puo mettersi in dubbio, che il buon governo della Superiora Boucon abbia contribuito d'assai, perchè il suo Ordine s'ingraziasse appresso i concittadini e gli stranii.

Le acque delle tribolazioni versatesi a torrenti su quell'anima, non valsero a sminuire per nulla l'ardore della sua carità; di che diede argomento manifestissimo con la conformità della volontà sua al beneplacito di Dio, durante cinque anni di penosa infermità. Eu il viver di lei in quel tempo una continua predicazione alle Suore delle modo, come debbesi da una Religiosa aspettar l'avvento dello Sposo celeste. Appena vide aumentarlesi il male,

---

(1) Vedi l'*Elenco delle Case religiose delle Suore della Carità sotto la protezione di S. Vincenzo de Paoli*, ecc. in-4°. Napoli 1826.

che poi la finì, domandò i Sagramenti della Chiesa; e poichè le bastò per altri giorni la vita, si comunicò anche dopo, spesse volte. Il dì penultimo della vita sua mortale, era da più ore assopita e priva di sentimento; quando venuta l'ora, in cui solea ogni mattina ricever Gesù Sagramentato, si ridesta, chiede del suo Direttore nello spirito, e riceve per l'ultima volta velato sotto le specie Eucaristiche quel Dio, a cui vedere svelato in cielo era già presta. Suora Genovefa benedisse in que' supremi momenti a lutta la sua religiosa Congregazione, la lasciò raccomandata al Cardinale Arcivescovo di Napoli, e circondata dalle Suore che per lei fervorosamente pregavono, spirò l'anima in pace, aiutandola all' estremo passaggio molti Sacerdoti. Le sue Figlie non seppero distaccarsi dal letto di sua morte, senza ripetere in cuor loro quella preghiera già fatta da Davide: « Non recediamo da te, tu ne impetrerai nuova vita, e noi ricorderemo sempre il tuo nome (1) ».

A memoria dunque di Suora Genovefa Boucon, oltre a' solenni funeralli per lei celebrati nella chiesa di *Regina Coeli*, e ne'Luoghi pii, di cui è effidata alle Suore della Carità la direzione, quelle sue Figlie hannole composto un tumulo nella cappella, chenel loro tempio è dedicata all' Immacolata Concezione di Maria. Quindi ella è deposta in pace, presso il sepolcra della Superiora Generale Thouret,

(1) « Non discedimus a te, vivificabis nos, et nomen tuum invocabimus »; *Salmo*, LXXIX, 19.

e il chiarissimo Gennaro Seguino, del quate giustamente si gloria la nostra Regia Università degli Studi, avendolo a Professore di eloquenza, poesia ed archeologia latina, vi scrisse sopra quest' épigraphe:

GENOVEPHA BOVCON
QVAE VT PRIMVM PER AETATEM LICVIT
SORORIBVS CHARITATIS NOMEN DEDIT
NEAPOLIM DEIN ARCESSITA
MODERATRICIS GENERALIS VICES
STRENVE SAPIENTERQVE OBIVIT
TVM DIGNITATE IPSA SIBI CONCREDITA
ET XXX AN. SPATIO NVNQVAM ABIVDICATA
SODALITATIS SVAE FINES AC DECVS
MIRIFICE AMPLIFICAVIT
IN EGENIS SVBLEVANDIS
SINGVLAREM EXPLICVIT LIBERALITATEM
ET RELIGIONIS STVDIO EXARDESCENS
NIHIL PRAETER COELESTIA QVAESIVIT
HEIC COMPOSITA EST
PROPE IMMORTALIS MEMORIALE VIRAGINEM
QVAE ORDINIS FVNDAMENTA POSVIT
VT CVI VIVENS HAESIT ANIMO
POST MORTEM HAEREAT CINERIBVS
II NON. IVL. AN. MDCCCLVI AETATIS LXXXIII
AD PACEM SVPERVM MIGRAVIT
TVMVLO HOC QVAM PRAECLARVM
MVLIERIS FORTIS CONDITVR EXEMPLAR

NÉCROLOGIE

M. l'abbé Grenier, curé d'Echenoz-la-Meline

Vir amabilis ad societatem magis amicus erit quam frater (Prov., XVIII, 24). N'est-ce pas cette pensée des Proverbes qui caractérise l'ensemble des qualités du prêtre enlevé si rapidement à l'affection de ses confrères et de ses paroissiens ?

M. l'abbé Félix Grenier naquit en 1839, à Cour-les-Baume, d'une famille chrétienne et nombreuse. Il était l'aîné de neuf enfants, et il connut de bonne heure le travail et la vie de sacrifice.

Il entra, déjà un peu âgé, au séminaire de Luxeuil. Esprit vif et laborieux, il fut le camarade enjoué et prudent qui alliait le respect dû à la règle, l'application au travail, une piété sérieuse, à cette gaieté inspirée par le bon esprit qui élève les âmes et les tient à l'aise.

Ordonné prêtre par le cardinal Mathieu en 1866, il fut nommé maître d'étude au séminaire de Vesoul, où Mgr Besson, son compatriote et son ami, avait passé, disait-il, « les plus belles années de sa vie. » Dans cette situation qui demande beaucoup de tact, d'égalité d'âme et de patience, il fut le bon conseiller des élèves et sut se faire parmi les professeurs de profondes et très fidèles amitiés. C'était le temps où, malgré l'opposition de Mgr Mathieu, on commençait à introduire à Vesoul la philosophie de saint Thomas. Sans sortir de son rôle, M. Grenier suivait avec intérêt les discussions scolastiques, recevait les confidences des professeurs et les encourageait de ses délicates sympathies.

Après trois ans, en 1869, il fut nommé à Quingey vicaire de M. Mourey, vieux et infirme, avec lequel il connut plus d'une épreuve. Mais c'était un poste de confiance, car la responsabilité de la paroisse retombait entièrement sur lui.

Voici l'année terrible, la guerre et l'occupation allemande. Toutes les autorités avaient pris la fuite. Le curé était au lit : tous perdaient la tête. L'abbé Grenier reçut bravement le commandant badois, organisa avec lui les ambulances, indiqua aux populations comment il fallait faire pour être remboursé des fournitures livrées en réquisition, puis s'occupa des malades et des prisonniers. Après la guerre, ses registres servirent à la préfecture pour reconstituer l'état civil de Quingey.

En 1872, mourut à Echenoz M. Langrognet, prêtre spirituel, à la parole éloquente, curé de cette paroisse depuis 1831. Pour récompenser M. Grenier, on le nomma à Echenoz. Il retrouvait ses anciens amis, et se créa bientôt, dans l'âme de ses fidèles, des affections qui ne se démentiront pas. Curé, M. Grenier le fut jusqu'à la dernière heure : identifiant sa vie avec celle de ses paroissiens, souffrant de leurs épreuves, partageant les inquiétudes des jours mauvais, applaudissant aux essais et aux succès de ses chers vignerons, ne rebutant personne, se faisant tout à tous et ne comptant jamais avec ses peines. Ce qu'il faut de délicatesse, de tact, de patience et de charité pour manœuvrer au milieu des luttes politiques, des rivalités de familles et des passions de chacun ! Il aimait ses gens, savait leurs affaires intimes, les visitait, les suivait quand ils quittaient le pays, pour leur être utile. Esprit juste et pondéré, il sut grouper les bons sans heurter les égarés ou les malveillants, ayant pour tous la parole aimable, souvent la pointe et le jeu d'esprit qui lui ouvraient la porte pour aborder les affaires sérieuses.

Il trouva le moyen de mettre 30,000 fr. à la décoration de son église, fit placer de magnifiques plaques de marbre au chœur pour rappeler le souvenir des prêtres du pays tués pendant la Révolution. Le culte de Notre-Dame de Solborde devint populaire, comme l'attestent les nombreux ex-voto qui ornent la chapelle.

Curieux et lettré, il s'intéressait à l'histoire du pays, refit la notice de Notre-Dame de Solborde et publia un très intéressant volume sur la vie et le martyre des abbés J.-F. Patenaille et J. Jacquinot, tous deux originaires d'Echenoz, et fusillés à Besançon, pendant la Révolution, en 1797 et 1798. Il recueillit aussi des matériaux pour une histoire complète de son cher village.

L'école des sœurs était fondée : il l'agrandit, l'embellit et la rendit prospère. Comme tant d'autres, il connut la lutte, il eut ses heures d'angoisse et ses journées amères ; il vit ses religieuses dispersées et son école fermée.

Depuis la fin de janvier, il souffrait d'une lassitude générale. Le jour de Saint-Vincent, il voulut encore s'associer un instant à la réunion de ces braves vignerons. Mais comme il sentait la fatigue ! Sans interrompre son travail habituel, il se plaignait de la grippe. Le samedi 11 février, il dit encore une messe d'enterrement à dix heures et demie. Dimanche, il dut se reposer, et mercredi matin, sans que son état parût plus grave, il dit tout à coup à son neveu qui le soignait : « Oh ! que je souffre ; je suis perdu ! » Et il mourut.

Toute la paroisse, soixante prêtres, le conseil municipal et le conseil de fabrique, une foule énorme, venue de Vesoul et des villages voisins, l'accompagnèrent à sa dernière demeure, témoignant de la place qu'il tenait dans la sympathie universelle. Avant l'absoute, M. le chanoine Saunier, supérieur du grand séminaire de Vesoul, exposa en termes émus les grandes leçons qu'une mort soudaine et une vie si bien remplie laissaient à ses chers paroissiens. Avant d'invoquer la miséricorde de Notre-Dame de Solborde pour son dévoué serviteur, et l'indulgence de Jésus pour celui qui fut son prêtre fidèle et zélé, il dit à cette foule qui l'écoutait en larmes : « Oui, vraiment, votre présence ici et votre émotion montrent que, malgré tout, le prêtre tient encore une place à part, au-dessus des fonctionnaires publics et des administrateurs officiels. Si la disparition d'un prêtre qui vous a instruits et aimés excite à ce point votre douleur, que serait-elle si, d'un regard prophétique parcourant les mystères de l'avenir, je devais vous annoncer aujourd'hui qu'après lui, personne ne remontera à l'autel, que la chaire sera muette et l'église fermée à tout jamais ? Quelle serait votre désolation si j'étais obligé de vous dire qu'il n'y aura plus de prêtre pour baptiser vos enfants, pour visiter vos malades, et prier sur la tombe de vos défunts ?.... Mais, grâce à Dieu, malgré les inquiétudes du présent et les incertitudes de l'avenir, je puis vous dire qu'un autre prêtre viendra bientôt remplacer au poste du dévouement celui que vous pleurez ; que, dût-il être pauvre et persécuté, il continuera parmi vous l'œuvre du bon et loyal travailleur, couché par la mort sur le sillon inachevé.... » Et les larmes coulaient silencieuses dans cette foule, qui sentait trop bien sa perte et ses inquiétudes.

Au cimetière, M. le maire, en termes délicats et très élevés, voulut dire, au nom de la population d'Echenoz, un dernier adieu à celui qui fut l'ami, le directeur prudent et ferme, pendant les trente-trois années de son administration.

F. G.

TABLE DES MATIÈRES

www.ingramcontent.com/pod-product-compliance
Ingram Content Group UK Ltd.
Pitfield, Milton Keynes, MK11 3LW, UK
UKHW020955230726
13923UKWH00007B/402

9 782329 091600